Wahrnehmung und Welt

Fröhliche Wissenschaft 137

DE NATURA IV

Herausgegeben von Frank Fehrenbach

Wolfgang Welsch

Wahrnehmung und Welt

Warum unsere Wahrnehmungen weltrichtig sein können

Matthes & Seitz Berlin

Die Konjunktur der Natur in gegenwärtigen Debatten ist erstaunlich. Als Oppositionsbegriff zur menschlichen Kultur hat Natur schon aus zwei Gründen ausgedient. Einmal wegen des Scheiterns traditioneller dualistischer Ansätze als Konsequenz der modernen Naturwissenschaften, die den Menschen ohne Rest als Teil der Natur definieren. Zum anderen wegen der ungeheuren zivilisatorischen Dynamik, die auf, weit über und zunehmend auch unter der Erdoberfläche keine vom Menschen unberührten Residuen des Natürlichen erlaubt. Inwiefern lässt sich also auch heute noch »über Natur« sprechen? Die Bände der Reihe DE NATURA versammeln Antworten aus ganz unterschiedlichen Disziplinen. Sie gehen auf Vorträge zurück, die von der Forschungsstelle Naturbilder im Hamburger Warburg-Haus veranstaltet wurden.

– Frank Fehrenbach

DE NATURA bei Matthes & Seitz Berlin

Christiane Nüsslein-Volhard, *Schönheit der Tiere. Evolution biologischer Ästhetik*

Harmut Böhme, *Aussichten der Natur. Naturästhetik in Wechselwirkung von Natur und Kultur*

Wolfgang Riedel, *Unort der Sehnsucht. Vom Schreiben der Natur. Ein Bericht*

Inhalt

Die weltbildende Kraft der Wahrnehmung 51

Vorbemerkung

Jahrhundertelang haben philosophische Albatrosse es aus überlegener Höhe verkündet, und in den letzten Jahrzehnten haben neurowissenschaftliche Spatzen es von den Dächern gepfiffen: dass unsere Wahrnehmungen rein subjektiv sind, dass sie uns Realität bloß vorgaukeln, dass sie durchaus nicht veridisch und realistisch, sondern ganz und gar idiosynkratisch und illusionär sind.

Im 17. Jahrhundert erklärte Descartes die Vorstellung irgendeiner Ähnlichkeit zwischen unserer Wahrnehmung und den Gegenständen für unnütz und verfehlt: »Es braucht an den Gegenständen nichts zu geben, was unseren Vorstellungen oder Wahrnehmungen, die wir von ihnen haben, ähnlich ist.«[1] Unser Wahrnehmungstheater ist nicht gegenstandsgesteuert, sondern ein Selbstläufer. Im 19. Jahrhundert meinte Nietzsche, dass wir generell keinen Zugriff auf die Wirklichkeit als solche hätten, dass unsere Wahrheit vielmehr »durch und durch anthropomorphisch« sei und »keinen einzigen

Punct« enthalte, »der ›wahr an sich‹, wirklich und allgemeingültig, abgesehen von dem Menschen, wäre«.[2] Unsere Wahrnehmungen sind also bloße Fiktionen. Neuerdings hat Wolf Singer wiederholt, dass unsere Wahrnehmungen »reine Interpretationen« sind, dass unser »Gehirn sehr idiosynkratisch vorgeht, wenn es Wirklichkeiten interpretiert«.[3]

In jüngerer Zeit aber regen sich vereinzelt Stimmen, denen zufolge die Wahrnehmung doch weltrichtig sein könne. So wies Merleau-Ponty schon Mitte des letzten Jahrhunderts darauf hin, dass der Wahrnehmung als Kern eine Einheit von Wahrnehmendem und Wahrgenommenem (Subjekt und Ding) innewohnt.[4] Kurz vor der Jahrhundertwende hat dann Putnam einen »natürlichen« bzw. »direkten« Realismus propagiert, demzufolge unsere Wahrnehmungen nicht subjektive Konstruktionen sind, sondern sich direkt auf die realen Gegenstände beziehen.[5] Jüngst hat Searle die Direktheit des Gegenstandsbezugs der Wahrnehmung umfassend verteidigt.[6]

Ich selbst habe mich mit der Frage eines möglichen Wahrheitsgehalts der Wahrnehmung verschiedentlich beschäftigt – und dabei stets für die Weltrichtigkeit der Wahrnehmung plädiert.

So zuerst in meiner Habilitationsschrift über die Sinneslehre des Aristoteles von 1987.[7] Dann erneut, fünfundzwanzig Jahre später, aus einer evolutionären Perspektive. Ich versuchte zu zeigen, dass unsere Wahrnehmung, die im Zug der Evolution erwachsen ist, erstens auf die wahrnehmbaren Gegenstände zugeschnitten ist und deshalb gegenstandsrichtig zu sein vermag, und dass sie zweitens für die Gegenstände formative Folgen haben kann, sodass nicht nur die Wahrnehmung durch die Gegenstandswelt geprägt ist, sondern auch umgekehrt die Wirklichkeit Wahrnehmungsprägungen in sich trägt.[8]

Beides soll im Folgenden Thema sein. Zunächst wende ich mich der Frage der Weltrichtigkeit der Wahrnehmung zu (I.). Dabei rekapituliere ich anfangs einige Hauptpunkte der aristotelischen Sinneslehre – denn Aristoteles hat als Erster und in überzeugender Manier die Weltrichtigkeit der Wahrnehmung dargetan. Anschließend ist zu fragen, wie sich das Verhältnis von Wahrnehmung und Gegenstand in heutiger Perspektive darstellt. Können wir mit zeitgenössischen Mitteln ein Äquivalent zur aristotelischen These formulieren, wonach die Wahrnehmung Wirkliches erfasst? Inwiefern haben veridische Thesen in Sachen Wahrnehmung ein fundamentum in re?

In einem II. Teil ist dann darzulegen, inwiefern die Wahrnehmung natürliche und kulturelle Bestände nicht nur registriert, sondern auch prägt. Die Wahrnehmung ist nicht nur ein nettes Zusatzvorkommnis in der Welt, sondern zugleich ein Gestalter der Welt, ja geradezu ein Treiber der Evolution des Wirklichen. Sie hat nicht nur kognitive, sondern zugleich ontologische Bedeutung.

Die veridische Natur der Wahrnehmung

1. Einige Hauptpunkte der aristotelischen Sinneslehre

Beginnen wir mit Aristoteles. Dieser hat der Wahrnehmung größtes Gewicht beigemessen, er hat sie für wahr, für objektiv, für weltrichtig angesehen.[9] Damit stand er zu seiner Zeit ziemlich alleine da. Man denke nur an Platons Ablehnung, ja Diskreditierung der Wahrnehmung. Platon lässt den jungen Theaitetos in dem nach diesem benannten Dialog erklären, dass Erkenntnis »nichts anderes als Wahrnehmung« sei.[10] Daraufhin entgegnet Sokrates, man müsse erst prüfen, ob diese Auffassung »eine rechte Geburt« sei oder vielmehr »ein Windei«.[11] Natürlich macht Sokrates das Letztere daraus. Er tut es mittels einer Gleichsetzung von Theaitetos' These mit dem Homo-mensura-Satz des Protagoras, der dabei zudem einer bei Platon üblichen Entstellung unterzogen wird. Protagoras soll gemeint haben, etwas sei in Wahrheit so, wie es jeweils einem Individuum erscheine. Damit wäre in der Tat die vorgebliche Wahrheit und Objektivität des Wahrnehmens zu etwas bloß Subjektivem verdampft. Durch diesen rhetorischen Schachzug soll Theaitetos' Auffassung, dass die Wahrnehmung Erkenntnisstatus besitze, widerlegt und als »Windei« entlarvt sein.[12]

Wie anders nimmt sich dagegen die aristotelische Wahrnehmungslehre aus, deren Grundsatz lautet: »Die Wahrnehmung ist immer wahr«.[13] Wie kommt Aristoteles zu dieser Behauptung und wie kann er sie rechtfertigen?

1.1. *Die Wahrnehmung bezieht sich primär nicht auf Gegenstände, sondern auf Sinnesqualitäten*

Aristoteles meint, dass sich die Wahrnehmung grundlegend nicht auf Gegenstände (Substanzen), sondern auf Eigenschaften richtet, genauer: auf sinnlich wahrnehmbare Qualitäten. Man nimmt nicht eine Rose, sondern rot wahr, man hört nicht ein Orchester, sondern Töne, man schmeckt nicht Honig, sondern süß, man riecht nicht eine Lilie, sondern einen betörenden Duft. Die Wahrnehmung richtet sich auf sinnliche Qualitäten als solche, unabhängig von deren Gegenstandsbezug.

1.2. *Die Sinnesqualitäten machen selber den ersten Schritt zu ihrem Wahrgenommenwerden*

Darüber hinaus ist Aristoteles der Ansicht, dass diese Qualitäten von sich aus darauf aus sind, wahrgenommen zu werden. Sie sind daraufhin sogar tätig, indem sie das Medium affizieren, das sich zwischen ihnen und dem Wahrnehmungsorgan befindet. Dadurch leisten sie aktiv den ersten Schritt zu ihrer Wahrnehmbarkeit. Somit ist die Wahrnehmung nicht, wie man neuzeitlich und modern glaubt, etwas, was von uns Menschen aus beginnt, sondern Aristoteles zufolge hebt sie zuallererst vom Wahrnehmbaren selbst her an.

Und den Rahmen des Wahrnehmungsgeschehens bildet eine von vornherein bestehende Entsprechung zwischen den Typen des Wahrnehmbaren (Farben, Töne, Gerüche etc.) und den Sinnesvermögen (Sehen, Hören, Riechen usw.). Unsere Sinnesorgane sind auf die Typen des Sinnlichen passgenau zugeschnitten.

1.3. *Identitätscharakter – Doppelerfüllung von Wahrnehmbarem und Wahrnehmungsvermögen*

Aus dem Vorangegangenen ergibt sich die ebenso berühmte wie für Aristoteles charakteristische These, dass im Akt der Wahrnehmung sowohl das Wahrnehmbare als auch das Wahrnehmungsvermögen seine Erfüllung findet: »Die Wirklichkeit des Wahrnehmbaren und des Wahrnehmenden ist ein und dieselbe.«[14] Wenn das Wahrnehmbare von Anfang an auf sein Wahrgenommenwerden zielt und daraufhin tätig ist, dann erfüllt sich in der wirklichen Wahrnehmung nicht nur eine Möglichkeit des Wahrnehmenden, sondern ebenso und zugleich die grundlegende Intention des Wahrnehmbaren. Eine Farbe beispielsweise existiert, bevor sie wahrgenommen wird, noch nicht in ihrer vollstmöglichen Form; sie ist zunächst nur als etwas Wahrnehmbares da, nicht schon als etwas wirklich Wahrgenommenes. Aber sie ist von sich aus auf ihr Wahrgenommenwerden hin tätig; und diese Tendenz des Wahrnehmbaren gelangt in der wirklichen Wahrnehmung zu ihrer Erfüllung. Erst die gesehene Farbe ist Farbe im vollstwirklichen Sinn. Auf diese Erfüllung zielte die Farbe von Anfang ab, und nun – in der wirklichen Wahrnehmung – erlangt sie diese Erfüllung.

Noch einmal: Bei dieser Erfüllung des Wahrnehmbaren einerseits und des Wahrnehmungsvermögens andererseits handelt es sich nicht etwa um zwei verschiedene Erfüllungen oder Verwirklichungen, die nur zugleich erfolgen, sondern sie geschehen *in eins*, sind zwei Seiten derselben Medaille.[15] Wahrnehmbares und Wahrnehmungsvermögen können ihre Verwirklichung nur gewinnen, indem – in ein und demselben Vorgang (dem Akt der Wahrnehmung) – auch das jeweils andere seine Verwirklichung erfährt. Es handelt sich bei der Wahrnehmung um eine einzige Wirklichkeit, die nur im Blick auf die Ausgangsbestände (das Wahrnehmbare einerseits und das Wahrnehmungsvermögen andererseits) unterschiedliche Bedeutung hat. Das Wahrnehmungsvermögen kann in seine Vollendung, ins wirkliche Wahrnehmen, gar nicht anders gelangen, als indem das Wahrnehmbare als Sinnesgehalt gegenwärtig wird, also seine Präsenz als Wahrnehmungsgegenstand gewinnt. Und umgekehrt kann der Sinnesgegenstand in seine Vollendung nur gelangen, indem das Wahrnehmungsvermögen seine Verwirklichung als aktuelle Wahrnehmung dieses Wahrnehmbaren erlangt. Es ist ein einziger Vorgang, der, als Verwirklichung des Wahrnehmungsvermögens einerseits und des Wahrnehmbaren andererseits genommen, noch aus der Differenz beschrieben ist, während er doch gerade deren Überbietung darstellt. Deutlicher gesagt: Das Wahrnehmen geschieht, da es seinem Wesen nach Wahrnehmung des Gegenstandes ist, genau *als* das Präsentwerden des Gegenstandes in der Wahrnehmung.

Um das an einem Beispiel des Aristoteles zu erläutern: Nicht wird einerseits das Hören und andererseits das Schallen verwirklicht, sondern indem das Hören das Vernehmen des in ihm erklingenden Schalls ist, und ebenso das Erklingen des Schalles nichts anderes als dessen Aufgehen im Hören darstellt, ist die Wirklichkeit dieses Geschehens eine Einzige und Selbige.[16] Die Wahrnehmung ist ein Identitätsphänomen. Die Identität von Gegenstands- und Vermögensverwirklichung macht die Spitze dieses Phänomens aus.

1.4. Objektivität und Wahrheitscharakter der Wahrnehmung

Die Bedeutung des Wahrnehmens liegt für Aristoteles nicht einfach darin, dass im Wahrnehmen (worin ihm viele Denker zustimmen würden) das Wahrnehmungsvermögen zu seiner Verwirklichung gelangt, sondern ebenso und vor allem und in gewissem Sinn sogar zuallererst darin, dass in der Wahrnehmung *das Wahrnehmbare* zu seiner Vollendung gelangt. Das ist eine ureigene These des Aristoteles.

Anders gesagt – und um sozusagen die anti-moderne Katze aus dem Sack zu lassen: Aristoteles verortet die Wahrnehmung grundlegend objektiv, nicht subjektiv. Er ist überzeugt, dass in der Wahrnehmung das Wahrnehmbare selbst, so wie es ist, zur Erscheinung gelangt. Seine berühmte Formulierung dafür lautet: »Die Wahrnehmung der eigentümlichen Sinnesqualitäten (*ídia aisthētá*) ist immer wahr«.[17] Unsere Wahrnehmung ist Aristoteles zufolge grundlegend weltrichtig, ist veridisch. Sie erfasst ihre Bestände so, wie diese sind. Wenn wir eine Rose als rot sehen, so hat dies ein fundamentum in re: Die Rose besitzt tatsächlich die Sinnesqualität rot. Sie hat Eigenschaften, die dafür sorgen, dass sie unter normalen Wahrnehmungsbedingungen stets als rot erscheint – und nicht etwa als gelb oder grün oder blau. Da, wie gesagt, zwischen Sinnesvermögen und Sinnesqualitäten eine grundsätzliche Passung besteht, kommen diese Qualitäten, wenn sie unsere Sinnesvermögen aktivieren, tatsächlich so zur Erscheinung, wie es ihrer eigenen Natur entspricht.

Aristoteles hält die Wahrnehmung also nicht, wie andere antike Philosophen und wie die Mehrzahl der neuzeitlichen und modernen Philosophen für subjektiv, sondern durchaus für objektiv. Wahrnehmend entdecken wir Bestände der Welt. Oder zutreffender gesagt: In unserer Wahrnehmung entdecken diese Weltbestände sich so, wie sie sind. Die Wahrnehmung ist eine Sphäre der Wahrheit. In ihr kommt die Natur zu sich.

1.5. *Wahrnehmungstäuschungen*

Allerdings gibt es auch Wahrnehmungstäuschungen. Dass unsere Wahrnehmung weltrichtig (»immer wahr«) sei, gilt nur unter Normalbedingungen. Aber wenn diese Normalbedingungen nicht gegeben sind, dann kann es sehr wohl sein, dass unsere Wahrnehmungsdispositionen uns in die Irre führen.

Aristoteles selbst führt ein berühmt gewordenes Beispiel an.[18] Man nennt es die »aristotelische Täuschung«. Wenn wir Mittel- und Zeigefinger einer Hand kreuzen und einen Gegenstand – etwa ein Kügelchen oder einen Kugelschreiber – dazwischen halten, so glauben wir nicht einen Einzigen, sondern zwei Gegenstände zu berühren.[19] Wie kommt diese Fehlempfindung zustande? Die Erklärung ist einfach. Bei der gewohnten Stellung von Zeigefinger und Mittelfinger ist eine gleichzeitige Berührungsempfindung an deren Außenseiten nur durch zwei verschiedene Gegenstände möglich. Im Fall der von Aristoteles beschriebenen Anordnung aber liegen infolge der Kreuzung der Finger deren Außenseiten einander gegenüber, und da kann nun sehr wohl ein einziger Gegenstand beide berühren. Wir behalten jedoch unser gewohntes und bewährtes Deutungsschema bei – Empfindung an diesen beiden Stellen signalisiert zwei Gegenstände – und laufen somit bei dieser atypischen Konstellation in die Irre.[20]

Max Ernst, *Au premier mot limpide* (1923).

Generell sind es lebensweltliche Anomalien, die zu Sinnestäuschungen führen. Dazu zählen nicht nur unnatürliche Arrangements unserer Finger, sondern etwa auch Krankheiten. So kann für einen Fieberkranken ein Wein, der eigentlich süß ist, bitter schmecken.[21] Die krankheitsbedingte Anomalie seines Geschmackssinns verursacht diese ungewöhnliche Empfindung, die dem Gegenstand nicht entspricht. In Fällen wie diesen schrumpft das grundsätzliche Wahrheitspotenzial der Wahrnehmung von Weltrichtigkeit zu Subjektrichtigkeit.[22] Vom grundsätzlichen Wahrheitsgehalt der Wahrnehmung bleibt nur noch übrig, dass der Wahrnehmende sich über die von ihm empfundene Qualität nicht täuschen kann. Die Bitterempfindung ist zwar in Bezug auf den Weltbestand Wein unzutreffend, aber es stimmt, dass der Kranke diesen Wein tatsächlich als bitter empfindet. Im Krankheitsfall trägt also die ansonsten verlässliche Brücke zwischen Empfindungsgehalt und Weltbestand nicht mehr. Der Kranke wird zum Opfer des normalerweise gerechtfertigten Identifikationshabitus. Während unter Normalbedingungen die Identifikation von subjektiver Sinnesempfindung und objektiver Sinnesqualität geradezu den Kern des Wahrnehmens ausmacht, führt diese Identifikation im Fall von Anomalien in die Irre. Unter Normalbedingungen jedoch gilt stets, dass die Wahrnehmung veridisch ist, dass Subjektbefund und Weltbestand nur zwei Seiten derselben Medaille sind.

2. Die neuzeitliche und moderne Verwerfung der aristotelischen Position

Neuzeitlich hat man die beiden Pfeiler der aristotelischen Sinneslehre –, dass die Wahrnehmung ein objektiver und nicht bloß ein subjektiver Vorgang ist und, dass durch sie das Wahrgenommene wahrhaft zur Erscheinung gelangt – für verfehlt angesehen. Man hat die Wahrnehmung dreihundert Jahre lang (von Descartes bis zum modernen Konstruktivismus) als einen rein subjektiven Prozess angesehen und jede Ähnlichkeit (geschweige denn Gleichheit) zwischen unseren subjektiven Wahrnehmungsgehalten und der objektiven Verfassung der Wahrnehmungsgegenstände verneint. All unser Wahrnehmen sei rein idiosynkratisch und somit alles andere als veridisch oder weltrichtig. Die aristotelische Theorie sei allzu naiv gewesen.

2.1. *Die neuzeitliche Opposition von Mensch und Welt*

Was liegt dieser Auffassung zugrunde? Die Neuzeit führte eine völlig veränderte Auffassung des Verhältnisses zwischen Mensch und Welt ein. Waren diese in Antike und Mittelalter als wesensverwandt und aufeinander bezogen angesehen worden, so traten sie neuzeitlich auseinander und gerieten in eine unüberbrückbare Opposition. Sie sollten von gänzlich verschiedener Art, sollten grundsätzlich heterogen sein.

Diese Sichtweise bildete sich in der Renaissance heraus. Man verstand den Menschen zunehmend als ein Wesen sui generis, herausgelöst aus dem Zusammenhang mit allem anderen Seienden, durch Autonomie gekennzeichnet und von daher mit der Welt inkongruent. Ein frühes Zeugnis dafür ist Pico della Mirandolas Rede *De hominis dignitate* von 1486, wo Pico erklärt, dass wir Menschen, anders als alle anderen Wesen, nicht in die Schöpfung eingebunden sind, sondern ihr frei und ortlos gegenüberstehen und uns unsere Bestimmung selber zu geben haben.[23] Die Einzigartigkeit des Menschen wird erstmals nicht aus seiner Sonderstellung in der Welt abgeleitet (etwa als Welterkenner, wie in der Antike, oder als Adressat des göttlichen Erlösungswerks, wie im Mittelalter), sondern sie wird durch die Andersartigkeit des Menschen gegenüber allem, was sich sonst in der Welt findet, begründet. Just die Weltinkongruenz bildet das Fundament der Würde des Menschen.

Kanonisch wurde die Heterogenität von Mensch und Welt mit dem Cartesischen Dualismus von Materie und Geist. Die Welt (so die fortan jahrhundertelang befolgte Auffassung) sollte allein durch Ausdehnung charakterisiert und eine rein materielle Angelegenheit sein – *res extensa*. Der Mensch hingegen sollte durch eine völlig andere Wesensart bestimmt sein: durch Rationalität, Denken, Geist – *res cogitans*.[24] Dadurch traten Mensch und Welt völlig auseinander. Der Mensch wurde ein Sonderling in der Welt, ein Weltfremdling.

Der Gegensatz zu älteren Auffassungen könnte kaum größer sein. Sowohl in der Antike als auch im Mittelalter war die Welt als geistbestimmt aufgefasst worden. Jetzt sah man sie auf einmal als bloße Materie an, die in all ihren Beständen und Abläufen rein mechanischen Prinzipien folgt. Die Natur wurde geistlos. Der Geist hingegen (einst der Regent der Welt und das innerste Prinzip der Natur) wurde zu einem naturexternen Prinzip. Und als ebenso naturextern galt dementsprechend nun der Statthalter des Geistes, der Mensch.

2.2. *Sinnliche wie rationale Erkenntnis nur noch als Konstruktion*

Was sind die Folgen dieser neuen Konstellation für das Erkennen – für das sinnliche ebenso wie für das rationale Erkennen? Dessen Charakter wandelt sich von Weltrepräsentation zu bloßer Konstruktion. Das ergibt sich unvermeidlich aus dem Mensch-Welt-Dualismus. Denn, wenn der Mensch kein gemeinsames Maß mit der Welt hat, dann kann er sich auf diese nicht beziehen, wie sie ist, sondern er kann nur von seiner eigenen, weltfremden Verfassung aus sich eine Welt erbilden. Da er dies aber just durch dasjenige Vermögen tut, das seine Weltfremdheit begründet (Geist bzw. Rationalität), kann diese Konstruktion nimmermehr zur wirklichen Welt führen, sondern nur zu einer vom Menschen aus konstruierten Welt, die so weltfremd ist, wie das Vermögen, auf dem sie basiert. Die Welt und ihre Bestände, die auf diese Weise ›erkannt‹ werden, können nur noch epistemische Konstrukte sein. Paradigmatisch hat Kant diese Position festgeschrieben[25] – und die moderne Philosophie ist ihm darin, bis in die jüngere analytische Philosophie hinein, allzu getreulich gefolgt.[26]

Für die Wahrnehmung bedeutet dies, dass sie nun als gänzlich subjektive, als rein anthropische Konstruktion aufgefasst wird. Sie kann uns nichts mehr über die Welt, sondern nur noch etwas über uns selbst sagen. Das gilt von Descartes bis zum radikalen Konstruktivismus. Descartes lehrt, dass die Sinne uns keine Kunde von den Gegenständen der Welt vermitteln,[27] sondern nur anzeigen, was für uns als körperliche Wesen zuträglich bzw. abträglich ist.[28] Und der radikale Konstruktivismus behauptet, dass unser Nervensystem eine hermetisch geschlossene Organisation mit gegenüber der Umwelt undurchlässigen Grenzen ist, sodass unsere Weltauffassung nur eine Konstruktion unseres neuronalen Systems ist.[29]

Der neuzeitliche Dualismus führt somit konsequent zu einer konstruktivistischen Umdeutung sowohl unseres sinnlichen als auch unseres rationalen Erkennens. Vor-neuzeitlich hatten wir, sinnlich wie rational, als weltverbundene Wesen gegolten. Die Sinne sollten uns eine Erfassung der physisch-sinnlichen Welt erlauben, und die Rationalität sollte uns die Erkenntnis der Grundstruktur der Welt ermöglichen. Durch die Sinne waren wir mit den Oberflächenerscheinungen der Welt, durch die Rationalität mit der Grundstruktur der Welt verbunden. Jetzt fällt beides dahin. Gewiss haben wir noch immer oder gar vermehrt Tausende und Abertausende von Sinneserfahrungen und alltägliche wie wissenschaftliche Erkenntnisse, aber das sind alles nur Spiegelspiele eines Humantheaters – und hinter Tausend Spiegeln keine Welt.[30]

2.3. *Die Obsoletheit des dualistischen Leitbildes von Neuzeit und Moderne*

Wenn dies sich ändern sollte, wenn der Wahrnehmung wieder Weltbezug, Weltentdeckung und Weltrichtigkeit zugeschrieben können sollte, dann muss die Basis des neuzeitlichen Denkens, die Annahme eines Dualismus zwischen Mensch und Welt, hinfällig werden. Das ist in der Tat seit Längerem der Fall. Zumindest gilt dies im Prinzip. In unseren Denkformen und in unserem Alltag hingegen haben wir diese Umstellung noch lange nicht genügend realisiert. Der Dualismus sitzt uns noch immer in den Neuronen wie in den Knochen – etwa dann, wenn wir von »Seelen« sprechen oder Mensch und Tier gegenüberstellen oder als Reinlichkeitsfanatiker unserer Sondernatur huldigen. Wissenschaftlich aber ist der Dualismus längst widerlegt und überholt. Geist und Natur stellen in Wahrheit nicht zwei heterogene Ordnungen dar, sondern stehen in Verhältnissen der Kontinuität und Implikation. Die Natur ist nicht geistlos, und das Geistwesen Mensch ist nicht unnatürlich.

Denn erstens stimmt es nicht, dass Rationalität ein exklusives Merkmal des Menschen ist. Sie findet sich vielmehr, wie immer abgestuft, auch schon im sonstigen Tierreich. Alle Wirbeltiere sind zu elementaren Kategorisierungen imstande; Tauben sind ausgesprochene Experten der Abstraktion und Generalisierung; Säugetiere verstehen Objektpermanenz und Aspektivität; und Schimpansen und Bonobos erfassen darüber hinaus auch Kausalverhältnisse und die Intentionalität von Artgenossen, ja, sie sind fähig sich im Spiegel zu erkennen und vermögen sogar, allein durch Überlegung Problemlösungen hervorzubringen.[31]

Unsere Geistigkeit ist also eine durchaus mundane, eine längst vor dem Menschen in der Welt sich findende Angelegenheit.[32] Sie beruht auf irdischen Vorläuferformen, ist aus diesen erwachsen. Folglich ist sie ganz und gar nicht geeignet, eine Weltdistanz oder gar Weltfremdheit von uns Menschen zu begründen. Sie bezeugt vielmehr umgekehrt unsere Weltzugehörigkeit.

Zweitens haben neuere Erkenntnisse der Naturwissenschaften gezeigt, dass Selbstbezüglichkeit und Reflexivität der Natur keineswegs fremd sind, sondern ein Produkt der kosmischen und biotischen Evolution darstellen. Unser reflexiver Geist ist die höchstentwickelte Form eines grundlegenden Musters, das sich schon in der Evolution findet und geradezu als deren Treiber angesehen werden kann. Geist ist potenzierte Selbstorganisation und Selbstbezüglichkeit, und anfängliche Formen derselben haben die Entwicklung des Kosmos schon seit Langem bestimmt – von der über 14 Milliarden Jahre zurückliegenden Bildung erster Atome über die Entstehung von Sternen und Galaxien bis hin zur Evolution des Lebens, die vor nahezu 4 Milliarden Jahren begann und zu immer komplexeren Formen von Selbstbezüglichkeit, Bewusstsein und Reflexivität geführt hat.[33]

Wenn Geist somit nichts Weltfremdes und Weltinkongruentes, sondern ein Produkt der Welt und die höchste Entwicklungsform eines fundamentalen Organisationsmusters des Universums ist, dann begründet unsere Geistnatur gerade nicht, wie Neuzeit und Moderne gemeint hatten, eine Weltfremdheit, sondern ganz im Gegenteil eine elementare Weltaffinität und Weltverbundenheit des Menschen. Geist – ein Emergenzprodukt der natürlichen Evolution – ist grundsätzlich weltaffin. Entsprechend stellt auch die menschliche Kultur, welche die Potenziale des Geistes ausreizt, bei aller Besonderheit nicht etwas genuin anderes, sondern eine bewundernswerte weitere Entwicklungsstufe dieses natürlichen Prinzips dar. Heute lässt sich im Übrigen gut rekonstruieren, wie unsere kulturelle Evolution aus einer natürlich angebahnten Entwicklung hervorgegangen ist und natürliche Potenziale auf kulturelle Weise fortsetzt.[34]

Dies bedeutet zusammengefasst, dass die beiden Annahmen, die für den neuzeitlichen und modernen Dualismus von Mensch und Natur ausschlaggebend waren – die Auffassung des Menschen als geistbestimmt und somit extranatural und die der Natur als schlicht geistlos – inzwischen obsolet geworden sind. Der Mensch ist durchaus ein Naturwesen. Er ist mitsamt seiner Geistigkeit aus der irdischen Evolution des Lebens hervorgegangen. Und die Natur steht dem Geist nicht entgegen,[35] sondern geht mit Geist zusammen, ja, sie hat ihrer eigenen Prozesslogik entsprechend Geist hervorgebracht. Kurzum: Der Mensch ist intrinsisch naturaffin und die Natur ist intrinsisch geistaffin.[36]

Daraus ergibt sich eine neue Sicht des Mensch-Welt-Verhältnisses: eine der Kontinuität und Zusammengehörigkeit.[37] Alle Denkweisen, die noch immer dem alten Dualismus huldigen, sind obsolet geworden. Heute gilt es, die Kontinuität zwischen Natur und Mensch zu erkennen und ihr Ausdruck zu verleihen.[38] Dies ist das Pensum des zeitgenössischen Denkens.[39]

3. Die Weltrichtigkeit der Wahrnehmung in heutiger Sicht

Können wir dann mit zeitgenössischen Mitteln, die das neuzeitlich-dualistische Vorurteil hinter sich gelassen haben, ein Äquivalent zur aristotelischen These formulieren, wonach unsere Wahrnehmung welthaltig ist? Wie können wir die Weltrichtigkeit unserer Sinneserfahrung auf neue Weise verständlich machen?

3.1. Evolutionäre Weltrichtigkeit der elementaren Wahrnehmung

Ein erster Punkt ist der Folgende: Sensibilität findet sich schon bei den einfachsten Lebewesen. Leben und sinnliche Kognition sind koextensiv. Die Lebewesen bedürfen für ihre Selbsterhaltung bestimmter Beiträge aus ihrer Umwelt, etwa der Nahrung, und diese vermögen sie sich nur zu beschaffen, indem sie imstande sind sinnlich zu erfassen, was für sie nützlich oder schädlich ist. Ohne solch elementarsinnliche Kognition vermöchten sie sich nicht am Leben zu halten. Ein Kolibakterium beispielsweise verfügt über die Fähigkeit, den Zuckergradienten in der es umgebenden Flüssigkeit zu registrieren und ihm zu folgen und so die nötige Nahrung zu erlangen. Und seine elementare Erfassung von Zucker als Nahrungsmittel ist objektiv richtig. Denn so beschränkt diese bakterielle Wahrnehmung auch ist und so sehr Zucker noch zahlreiche andere Eigenschaften aufweist, denn als Nahrungsmittel dienen zu können, die bakterielle Schmalspurwahrnehmung ist doch gerade ob ihrer Engführung absolut treffsicher. Es ist objektiv wahr, dass Zucker ein wunderbarer Kohlenhydratspender ist.

In diesem Sinn gilt auch aus heutiger Sicht, dass die elementare Wahrnehmung grundlegend wahr ist. Gewiss, auf höheren Niveaus tritt dann die Möglichkeit des Irrtums ein. Man kennt viele Fälle von Wahrnehmungstäuschung. Sie beruhen allesamt darauf, dass Wahrnehmungsmuster, die auf Normalbedingungen zugeschnitten sind, unter Sonderbedingungen in die Irre führen können. Aber nicht nur wir Menschen, sondern schon sehr einfache Lebewesen besitzen zugleich Fähigkeiten, sich aus derlei Irritationen herauszuarbeiten. Beispielsweise besteht, wenn unterschiedliche Sinne widersprüchliche Informationen liefern, die Fähigkeit zur Rekalibrierung, also zur Nachjustierung des fehlgehenden Sinnes, um so wieder zu einer kohärenten Auffassung der Umwelt zu gelangen.[40] Insofern bleibt es auch auf den höheren Niveaus, wo weitaus mehr als das bloß Elementare wahrgenommen wird, grundsätzlich bei einer möglichen Weltrichtigkeit des Wahrnehmens.[41]

3.2. *Offensichtliche Weltpassungen – elementare Weltrichtigkeit bei primären Qualitäten*

Die Evolutionsbiologie weist darauf hin, dass zwischen den Gegebenheiten der Welt einerseits und unseren Sinnesfähigkeiten andererseits in vielen Fällen eine frappierende Passung besteht. Beispielsweise ist das optische Fenster unserer Wahrnehmungsfähigkeit, das sich zwischen 380 und 760 Nanometern befindet, sehr präzise an das Lichtdurchlässigkeitsfenster der Erdatmosphäre angepasst, das zwischen 400 und 800 Nanometern liegt – eine erstaunliche Feinabstimmung. Es wäre absurd anzunehmen, dass es sich dabei um einen bloßen Zufall handelt. Generell haben Weltgegebenheiten evolutionär an der Programmierung unserer Sinnesorgane mitgewirkt und deren fine-tuning bewirkt, sodass in unserer Wahrnehmung tatsächlich Weltbestände zur Erscheinung gelangen können.[42] Goethe war mit seinem Diktum, »Wär nicht das Auge sonnenhaft, die Sonne könnt' es nie erblicken«, völlig im Recht.[43]

Evolutionsbiologie und evolutionäre Epistemologie haben ferner gezeigt, dass unsere primärsinnlichen Wahrnehmungen großenteils wahr sind. Primärsinnliche Wahrnehmung ist diejenige, welche sich auf elementare Eigenschaften von Körpern wie Größe, Form, Anzahl, Bewegung etc. bezieht. Nun verfügen Säugetiere über ein grundlegendes Verständnis derartiger Eigenschaften der Körperwelt und auch bei menschlichen Babys findet sich dies schon erstaunlich früh. Es handelt sich offenbar um ein aus der Stammesgeschichte überkommenes angeborenes Wissen.[44] Dazu zählt auch ein Verständnis der Körper als individuierte Objekte, die durch Kohäsion und feste Außengrenzen charakterisiert sind. Entsprechend wird auf die Identität und Permanenz dieser Objekte vertraut und es wird erwartet, dass die Merkmale des Gegenstandes sich gewissermaßen im Paket bewegen – tritt anderes ein, so handelte es sich eben nicht um einen einzigen Gegenstand, sondern um mehrere. Durch dieses Prinzip der Kontinuität ist zugleich der Weg zur Beherrschung von Perspektivik und Aspektvarianz gebahnt: Ein Körper, der von hier aus so aussieht, sieht von dort aus anders aus und ist dabei doch derselbe Körper. Ebenso ist das Vermögen zur Figur-Grund-Differenzierung genetisch verankert.

Bei alledem handelt es sich um veritables Weltwissen. Grundlegende Züge der Körperwelt kommen in ihm zutreffend zur Darstellung. Die Gegenstände der Welt sind tatsächlich durch Identität, Permanenz und Aspektvarianz charakterisiert. Sie verändern ihre Größe nicht sprunghaft. Sie bleiben, wenn sie sich bewegen, im Allgemeinen dieselben. Ihre Merkmale bewegen sich in der Tat im Paket. Insofern sind uns in den Fundamenten der primärsinnlichen Wahrnehmung sehr allgemeine Gesetzlichkeiten der Objekte dieser Welt erschlossen. Die primärsinnliche Wahrnehmung steht generell auf sicherem Boden und hat von daher auch im Einzelfall gute Wahrheitschancen.[45]

3.3. Zum Status der sekundären Qualitäten

Machen wir nun einen Sprung zu den sekundären Qualitäten, die neuzeitlich als illusionär diskreditiert wurden, während sie für Aristoteles als die primären und eigentlichen Gegenstände des Wahrnehmens (*ídia aisthētá*) gegolten hatten.

3.3.1. Die neuzeitliche Auffassung

Neuzeitlich sagt man, die sekundären Qualitäten hätten mit ihrer gegenständlichen Grundlage nichts gemeinsam.[46] Bei einem Rosenblatt beispielsweise bewirke dessen Molekülstruktur, dass Licht mit der Wellenlänge 660 Nanometer reflektiert wird, während andere Wellenlängen absorbiert werden. Das reflektierte Licht führe dann in unserem Sehen zur Empfindung »rot«. Aber am Gegenstand selbst finde sich nichts Rotes, dort befänden sich nur bestimmte Molekülstrukturen. Da könne man mit Mikroskop oder Elektronenmikroskop so lange und so genau hinschauen, wie man wolle, man werde keine roten Partikel entdecken. Einzig aufgrund der Verfasstheit unseres Sehorgans führe die reflektierte Wellenlänge in unserem Sehen zur Empfindung »rot«. Rot sage uns also nur etwas über unsere eigene Verfassung, nicht über die des Gegenstandes. – Ist diese neuzeitliche Sicht korrekt?

3.3.2. Erster Einwand: Ist eine rein physikalische Ontologie ausreichend?

Erstens setzt diese Auffassung als selbstverständlich voraus, dass die physikalische Beschaffenheit eines Gegenstandes dessen Qualitäten vollumfänglich definiert –, dass die physikalischen die einzig wahren Qualitäten eines Gegenstandes seien. Ich werde das später in Frage zu stellen haben.

3.3.3. Zweiter Einwand: Alles Seiende ist relational, nicht ›an sich‹ bestimmt

Zweitens nimmt diese Auffassung an, dass Gegenstände das, was sie sind, von sich her sind. Sie geht von einem Sosein der Gegenstände aus – technisch gesprochen von einer Substanzontologie. Das aber ist problematisch, und eigentlich ist es falsch. Ein jedes Seiendes ist, was es ist, vielmehr nur in Relation zu anderem Seienden. Nichts ist, was es ist, einfach aus sich selbst. Oder, wie Rilke das formuliert hat: »Alles ist nicht es selbst.«[47]

Auf die physikalischen Verhältnisse angewandt bedeutet dies, dass auch physikalische Gegenstände das, was sie sind, immer nur in Bezug auf andere physikalische Gegenstände sind. Eigentlich ist es ja trivial, dass die Erde nicht ohne Bezug auf die Sonne, die Eigenschaften von Wasser nicht ohne Blick auf das Periodensystem der Elemente und einzelne Elementarteilchen nicht ohne die Berücksichtigung des ganzen Teilchenzoos verstanden werden können. Ein Elektron verhält sich gegenüber einem anderen Elektron eben beträchtlich anders als gegenüber einem Proton oder Neutrino. Es ist die Summe solch relationaler Bestimmungen (und nicht etwa ein interner Charakter), die das Sein der Elektronen (wie von allem) ausmacht. Insofern sollte schon auf der physikalischen Ebene der strikt *relationale* Charakter allen Bestimmtseins selbstverständlich sein.

Diese Relationalität hat dann, wenn das physikalische Sein nicht die *ganze* Welt ausmacht, sondern wenn es in der Welt auch dergleichen wie Empfindung, Kognition oder Kultur gibt, zur Folge, dass die Dinge in den *diesbezüglichen* Relationen noch ganz *andere* Qualitäten haben können, als sie physikalisch schon besitzen und, als sich in einer rein physikalischen Betrachtungsweise auch nur erahnen ließe.

Von daher gilt: Wenn ein Gegenstand, der Licht mit einer Frequenz von 660 Nanometern reflektiert, von einem anderen Gegenstand in der Welt, nämlich einem Lebewesen, das über Farbensinn verfügt, als rot wahrgenommen wird, so bedeutet das nicht eine Verfälschung jenes Gegenstandes, sondern es stellt eine neue, über das bloß Physikalische hinausgehende *Erscheinungsweise* dieses Gegenstandes dar. Die Farbigkeit ist sozusagen eine freie Valenz des Gegenstandes, an die angedockt werden kann. Und wenn ein Farbenseher andockt, dann steht der Gegenstand eben nicht mehr nur in physikalischen Beziehungen, sondern nun zusätzlich in einer aisthetischen Relation. Und in dieser Relation zwischen Farbenseher und Gegenstand *ist* der Gegenstand rot, so wie er in seinen bloß physikalischen Beziehungen *nicht rot* ist.

Das scheint die Frage nahezulegen: Was ist er denn nun wirklich – rot oder nicht rot? Der springende Punkt ist freilich, dass von einem solchen ›wirklich‹ zu sprechen sinnlos ist. Ein jedes Seiendes ist strikt das, was es in Relationen ist. Und dazu gehört, dass es in verschiedenen Relationen Unterschiedliches sein kann. Dass es in einer Beziehung etwas nicht ist, was es in einer anderen ist, hebt nicht auf, dass es dies in jener Beziehung *tatsächlich* ist. Sein steht in dieser Welt im Plural, nicht im Singular. So wie ein Klang in einer Beziehung hoch, in einer anderen laut und in einer dritten beängstigend sein kann, so kann eine Rosenblüte in einer Hinsicht fünf Zentimeter Durchmesser besitzen, in einer anderen dunkelrot sein und in einer dritten einen betörenden Duft verströmen.

Beachten wir noch Folgendes: Wahrnehmungsgehalte gehen über den rein physikalischen Bestand hinaus, tun dies aber keineswegs arbiträr. Sondern sie haben ein fundamentum in re. So schon bei der Farbwahrnehmung. Sie hat eine physikalische Grundlage am Gegenstand selbst. Denn immer dann, wenn dessen Molekülstruktur so ist, dass er Licht der Wellenlänge 660 Nanometer reflektiert, sehen wir ihn als rot. Und immer dann, wenn er Licht mit 520 Nanometern reflektiert, sehen wir ihn als grün. Das Farbensehen bringt eine tatsächliche Potenz der Gegenstände zutage, realisiert diese. Und der Physikalist will zwar von Farben nichts wissen, beschreibt deren physikalische Grundlage aber sehr genau.

Wahrnehmungen *erweitern* also das Spektrum der Wirklichkeitsbestände, aber sie tun es nicht beliebig oder fiktiv, sondern wohlgegründet. Sie haben *entdeckenden* Charakter, sind veritativ.[48]

3.3.4. Sinnesqualitäten sind Weltbestände

Gehen wir zu einem weiteren Punkt über. Zur Welt gehören nicht nur Rosen, sondern auch Bienen, Eichelhäher und Menschen, also Farbenseher. Deshalb gehören auch Farben zur Welt, denn für Farbenseher sind die Farben real und bedeutsam. Und je mehr weitere Sinnesvermögen sich entwickelten, umso mehr gehörten auch weitere Sinnesqualitäten zur Welt. So wie schon die Taxation des Zuckers als Nährstoff durch das Kolibakterium zur Welt gehörte, sobald solche Bakterien existierten, so gehören auch die weiteren Sinnesqualitäten und Wahrnehmungsgehalte zur Welt, sobald Lebewesen auftreten, die entsprechende Sinnesvermögen besitzen.

Eine Weltbeschreibung, welche diese Wahrnehmungsgehalte außer Acht ließe, wäre aus zwei Gründen höchst unvollständig und falsch. Erstens sind die Sinnesqualitäten objektive Bestände der Welt. Sie haben ein fundamentum in re und wo sie erfasst werden, wird etwas entdeckt, was in der Sinnenwelt (in einer Welt mit aisthetischen Akteuren) real ist. Zweitens sind diese Wahrnehmungsgehalte subjektiv für die Lebewesen essenziell. Sie bieten ihnen Nahrungs- oder Gefahrenhinweise und insgesamt

Orientierungshilfe.[49] Sie sind für die Lebensführung und das Überleben der betreffenden Lebewesen unverzichtbar. Ohne sie vermöchten diese Lebewesen nicht so zu leben, wie sie es tun. Kein einziger Organismus wäre ohne Sinneserfahrungen so, wie er ist. Da man nun nicht bestreiten kann, dass die Organismen zur Welt gehören, muss man a fortiori anerkennen, dass auch diese für das Leben der Organismen konstitutiven Sinnesgegenstände und Sinneserfahrungen zur Welt gehören. – Unsere Welt bedarf nicht nur einer physikalischen, sondern ebenso einer die Organismen einbegreifenden (und vielleicht sogar insgesamt einer primär organismischen) Beschreibung.[50] Welt, das ist eben nicht bloß eine physikalische Welt, sondern, sobald Organismen und sinnliche Wesen auftreten, auch eine aisthetische, eine gewahrende Welt. Auch die Perspektiven auf die Welt gehören zur Welt. Es wäre grotesk, sie aus der Welt wegstreichen zu wollen. Da könnte man gleich alle Lebewesen aus ihr wegstreichen. Dann bliebe nur noch eine anorganische Schrumpfwelt übrig, aber nicht die Welt, wie sie wirklich ist.

Zusammengefasst: Sowohl die primärsinnliche als auch die sekundärsinnliche Wahrnehmung ist veridisch. Sie gibt Weltbestände adäquat wieder. Sie ist, ebenso wie ihre Akteure, ein Teil der Welt. Und sie ist nicht illusionär, sondern entdeckend. Sobald sich evolutionär die aisthetische Dimension auftat, gelangten mehr Möglichkeiten der Welt zur Realisation als zuvor – eben, zusätzlich zu den physikalischen, nun auch aisthetische Möglichkeiten. Es kam zu einem Zuwachs an Artikulation und Realisierung. Die Welt entfaltet sich nun voller. Sie kommt, wo Wahrnehmung entsteht, zu Bewusstsein. Sie kommt mehr zu sich.

Die weltbildende Kraft der Wahrnehmung

Bis hierher ging es darum, wie unsere Wahrnehmung Weltverhältnisse zu repräsentieren vermag. Dabei wurden sowohl die Wahrnehmung als auch die Welt weithin als statische Größen angesehen. Das ist im nun folgenden II. Teil durch einen Blick auf dynamische Aspekte zu ergänzen. Zum einen ist die Geschichtlichkeit des Wahrnehmens zu thematisieren und zum anderen der Umstand zu erörtern, dass Wahrnehmungen auch Auswirkungen auf ihre Gegenstände haben. Das Erstere ist bekannt, das Letztere hingegen wurde selten beachtet oder überhaupt nur gesehen.

1. Wandlungen des Wahrnehmens

1.1. Zur Naturgeschichte des Wahrnehmens

1.1.1. Vielfältige Passungen

Zu beginnen ist mit der Naturgeschichte des Wahrnehmens. Die Sinnesvermögen haben sich im Verlauf der Evolution des Lebens nach und nach entwickelt. Darüber wissen wir zwar im Einzelnen nicht viel, aber doch im Umriss manches. Etwa dies, dass das Auge in der Evolution nur einmal erfunden wurde und sich dann zu sehr verschiedenen Augenarten (Grubenauge, Spiegelauge, Lochkameraauge, Facettenenauge, Wirbeltierauge etc.) weiterentwickelt hat.[51] Oder, dass sich die Hörknöchelchen der Säugetiere (Hammer, Amboss und Steigbügel) durch Umbau aus Kiefergelenk und Schädelknochen der Fische gebildet haben. Ferner, dass es im Tierreich Sinnesformen gibt, die uns Menschen fehlen: Fledermäuse sind Experten im Bereich des Ultraschalls, manche Krebse können noch im ultravioletten Bereich sehen, die Grubenotter besitzen einen Infrarotsensor, Zitteraale verfügen über Elektrosinn, Zugvögel können den Erdmagnetismus wahrnehmen etc. Ja, die Welt hat mehr zu bieten, als unsere Sinne uns verraten.[52]

In all diesen Fällen handelt es sich um bemerkenswerte Passungen zwischen den Sinnesvermögen einerseits und den für das jeweilige Lebewesen relevanten Umweltgegebenheiten andererseits. Oftmals ist diese Passung, zumal wenn man die Ausnutzung ökologischer Nischen betrachtet, geradezu ingeniös zu nennen. Wundersam ist sie andererseits nicht: Die Evolution hatte sehr, sehr lange Zeit zur Verfügung, um die Passungen, die wir heute bestaunen, hervorzubringen. Und am Ende haben nicht die Stärksten oder die Klügsten, sondern die Fittesten, also die am besten Angepassten überlebt – daher die heute vor Augen stehende Vielzahl erstaunlicher Passungen.

1.1.2. Entstehung von ästhetischem Sinn

Ein Sonderfall in dieser Naturgeschichte der Sinne sei eigens angesprochen: die Herausbildung des ästhetischen Sinns. Das Phänomen ist deshalb besonders interessant, weil hier nicht ein weiterer Sinn zu den fünf bekannten hinzukam, sondern die Funktion der vorhandenen

Sinne auf ein neues Niveau gehoben wurde. Sehen und Hören richten sich auf völlig neuartige Prädikate: nicht mehr auf Farben und Formen oder Töne und Klänge, sondern auf Schönheit oder Neuheit, Annehmlichkeit oder Extravaganz etc.

Darwin hat gezeigt, dass ein solch ästhetischer Sinn sich schon lange vor dem Menschen im Tierreich entwickelt hat.[53] Dies geschah im Kontext der sexuellen Selektion. Ursprünglich verhielt es sich bei der Partnerwahl so, dass die Männchen um die Weibchen konkurrierten und in ritualisierten Kämpfen ermittelten, wer von ihnen der Stärkste war; dieser durfte dann die Weibchen monopolisieren. Aber irgendwann trat ein neues Phänomen auf: Ästhetik hielt Einzug in die Sphäre der Fortpflanzung und wurde sogar entscheidend. Es kam einerseits zur Ausbildung ästhetischer Körpermerkmale und andererseits zur Ausbildung von ästhetischem Sinn, also zur Schätzung dieser ästhetischen Merkmale. Und zwar bildeten die Männchen ästhetische Körpermerkmale aus, während die Weibchen ästhetischen Sinn entwickelten. Die Männchen waren also in der Bewerbersituation, die Weibchen in der Wahlsituation. Die Männchen brchten ästhetische Reize hervor (Gerüche, Gesänge, Liebestänze und allerlei Ornamente wie auffallende Farbtöne, Fleischlappen, Kämme, Schmuckfedern), um die Weibchen »zu becircen«.[54] Und die Weibchen wählten dann aufgrund ihres »Gefühls für Schönheit« bzw. ihres »Geschmacks für das Schöne«[55] diejenigen Männchen, die auffallender geschmückt waren oder die gekonnter gestikulierten oder sich als die besseren Sänger erwiesen.[56]

Erstmals sieht Darwin das neue, ästhetisch bestimmte Geschlechterverhältnis bei den Schmetterlingen realisiert. Die Schönheit der Flügeloberflächen männlicher Schmetterlinge gilt ihm als Resultat weiblicher Wahl. Ihren Gipfel erreicht die Ästhetik im Tierreich dann bei den Vögeln, die Darwin als »die ästhetischsten unter allen Tieren« bezeichnet.[57] Hier steht natürlich nicht mehr die Schönheit des Körpers, sondern die des Gesanges im Vordergrund.[58]

Die für das Fortleben der Arten so eminent wichtige Dimension der Sexualität ist also sukzessiv unter ein ästhetisches Regime geraten. Fortan gibt es kein Weiterleben der Spezies mehr ohne Ästhetik. Die Natur kennt mithin eine Erweiterung der Sinnespalette nicht nur in die Breite, sondern auch in die Höhe. Im einen Fall kommen neue Sinne hinzu, im anderen Fall nehmen die vorhandenen Sinne eine zusätzliche Funktion an. Das Letztere ist ein Weg der Verfeinerung und Sublimierung (in einem nichtfreudschen Sinn). Es ist interessant, dass dergleichen schon im Tierreich vorkommt. Solche Prozesse spielen dann natürlich auch bei der kulturellen Fortbildung der Sinne des Menschen eine große Rolle.

1.2. *Kulturgeschichte des Wahrnehmens*

1.2.1. Unterschiede und Gemeinsamkeiten

Die Fortentwicklung der Sinne im Verlauf unserer kulturellen Geschichte führt offenbar, je nachdem um welche Kultur es sich handelt, zu unterschiedlichen Resultaten. Zunächst sind es Lebensumstände und praktische Erfordernisse, die verschiedenartige Ausprägungen des Sinnesprofils veranlassen. Bekannt ist die hochgradige Ausdifferenzierung der Kategorie »Schnee« bei Schneebewohnern, etwa Isländern. Sie verfügen über 16 stammverschiedene Ausdrücke für unterschiedliche Formen von Schnee – während Mitteleuropäer es auf kaum mehr als fünf stammgleiche (!) Bezeichnungen bringen.[59] Angesichts der Lebensumstände der Isländer ist es gut verständlich, dass ihr Sinnesapparat (und dementsprechend ihr kategorialer Apparat) in Sachen Schnee so differenziert ist. Ein anderes Beispiel: Die Unterscheidung von Farben ist in unterschiedlichen Kulturen verschieden weit fortgeschritten. Manche Kulturen besitzen nur zwei genuine Farbworte, andere hingegen bis zu elf. Nicht in jedem Umfeld sind Farbdifferenzierungen eben gleich wichtig.

Aber man sollte sich durch die offensichtliche linguistische Diversität nicht zu dem Fehlschluss verleiten lassen, dass auch die Wahrnehmungsformen gänzlich verschieden sein müssten – sie können sich vielmehr in einem geradezu verblüffenden Ausmaß decken. Berlin und Kay haben gezeigt, dass die Angehörigen von Kulturen, die sich in der Anzahl der Farbworte drastisch unterscheiden, gleichwohl auf die Frage, welche Farbprobe (aus einer Anzahl von über 300) einen Farbtypus, für den sie ein Wort besitzen, am besten repräsentiert, erstaunlich übereinstimmende Antworten geben.[60] Diese Kongruenz in puncto Idealtyp einer Farbe belegt, dass die *phänomenale* Erfahrung der Farben (im Unterschied zum Profil der Farb*termini*) nicht kulturell determiniert, sondern universal gleich ist. Ähnliches gilt für die Wahrnehmung von Gesichtsausdrücken. Beispielsweise finden sich in den modernen Massenmedien Film und Fernsehen (besonders dort, wo man auf weltweite Rezipierbarkeit zielt) sehr viele Großaufnahmen von Gesichtern. Warum ist das so? Weil wir Menschen kulturunabhängig über die Fähigkeit zur Dechiffrierung von Gesichtsausdrücken verfügen. Die Großaufnahmen vermitteln Informationen über den Gemütszustand oder die Absichten der Personen und die Zuschauer vermögen diese Zeichen unabhängig von ihrer jeweiligen Sprache und Kultur zu entziffern, indem sie auf dieses universal geteilte Repertoire mimischen Ausdrucksverstehens zurückgreifen.[61]

Auf der anderen Seite ist die kulturelle Entwicklung aber auch unübersehbar mit der Ausbildung divergierender Wahrnehmungsformen verbunden. Man nehme etwa die Musik als Beispiel: Europäische, indische, afrikanische und ostasiatische Hörgewohnheiten sind beträchtlich unterschiedlich. Das Wohltemperierte Klavier, Trommelmusik, Gamelan und Shakuhachimusik gehen von unterschiedlichen Grundlagen aus und verfolgen unterschiedliche Ziele. Wer in einer dieser Musikarten aufgewachsen ist, wird zu den anderen nicht unmittelbar Zugang haben, sondern muss sich in sie erst hineinfinden, muss sein Hören umstellen.[62]

1.2.2. Verfeinerung

Neben den horizontalen Differenzen zwischen unterschiedlichen Kulturen finden sich auch vertikale Unterschiede innerhalb ein und derselben Kultur. Es kommt zu Paradigmenwechseln und zunehmenden Verfeinerungen oder auch Spezialisierungen. Das Potenzial der Seh- oder Hörmöglichkeiten wird erweitert und manche Möglichkeiten können zwar in Vergessenheit geraten, aber ebenso wieder zum Leben erweckt werden. Die Entwicklung der Sinne ist insgesamt ein geschichtlicher Vorgang.

Von Marx stammt das berühmte Diktum, »Die *Bildung* der fünf Sinne ist eine Arbeit der ganzen bisherigen Weltgeschichte«.[63] Wie ist das zu verstehen? Marx meinte, dass die menschlichen Sinne am Anfang bei Weitem noch nicht ihre menschliche Form besaßen. Sie waren noch ganz roh, sie dienten nur den elementaren Aufgaben der Lebenssicherung.[64] Für Höheres war noch kein Platz. Dieser wurde erst dadurch geschaffen, dass die Menschen durch ihre Arbeit jenseits vom Überlebensdruck Freiraum gewannen für kulturelle Tätigkeiten, die nicht mehr bloß dem Überleben, sondern dem (wie Aristoteles das nannte) »guten Leben« dienen. Erst hier treten, über das unmittelbar Notwendige hinaus, Genuss, Verfeinerung und Selbstzwecklichkeit auf.[65] Insofern gelangen unsere Sinne erst über die gesellschaftliche Arbeit von ihrer rohen in ihre menschliche Form.

Es ist unverkennbar richtig, dass die kulturelle Entwicklung zu einer Verfeinerung der Sinne geführt hat. Wir haben nicht nur den Boden kultiviert, sondern auch uns selbst. Und beides konnte – man denke etwa an den Weinbau – Hand in Hand gehen. Die feine Zunge war dem Weinexperten nicht in die Wiege gelegt, sondern er hat sie sich erworben. Unsere Sinne sind eminent kultivierungsfähig. Bei ihrer Weiterentwicklung spielen nicht nur die Domänen des Genusses und des Luxus eine wichtige Rolle, sondern ebenso technische Innovationen. Beispielsweise haben Teleskop und Mikroskop unser Sehen verändert. Zwar sind die Funktionen von Augapfel, Linse und Retina gleich geblieben, aber die Einschätzung unseres natürlichen Sehens hat sich drastisch verändert: Wir haben seine natürlichen Limitationen mehr denn je zuvor erkannt und durch kulturelle Extensionen zu kompensieren gelernt. Und neue Medien, wie das Kino,[66] das Fernsehen[67] oder die heutige digitale Kommunikation, haben unserem Sehen ganz neue Formen aufgeprägt oder zu neuen Verbindungen von Sehsinn und Tastsinn geführt.

1.2.3. Die ästhetische Einstellung

Ein wichtiger Schritt wurde dort getan, wo die Wahrnehmung anfing, sich von einfach aisthetischen zu spezifisch ästhetischen Vollzügen zu erheben. Dies geschah, wie zuvor ausgeführt, schon im Tierreich. Körperliche Besonderheiten wurden nicht mehr einfach ihrer physischen Struktur nach wahrgenommen, sondern erfuhren nun eine ästhetische Bewertung hinsichtlich Schönheit, Neuheit oder Raffinesse. Die ästhetische Wahrnehmung eröffnet eine neue Dimension. Sie erhebt sich über die bloß gegenständliche Ebene und richtet sich auf genuin ästhetische Qualitäten. Zum Chromosomensatz des Ästhetischen gehört von Anfang an ein solches Hinausgehen über das vordergründig Gegebene zugunsten von Anmutungsqualitäten. Ästhetische Objekte haben stets eine Doppelexistenz, sind sind hybrid. Einerseits sind sie physikalisch reale Gegenstände, andererseits ästhetische Objekte. Arthur C. Danto hat auf diesen Doppelcharakter hingewiesen: Der *physikalisch gleiche* Gegenstand kann einmal nur ein banaler Gegenstand (etwa eine Brillobox im Supermarkt), ein andermal ein Kunstwerk (eine Warhol'sche Brillobox) sein.[68] Die ästhetische Differenz (der Umstand, dass der ästhetische Charakter eines Gegenstandes zwar dessen physikalische Struktur zur Voraussetzung hat, sich aber von dieser zugleich unterscheidet) ist für alle ästhetischen Gebilde konstitutiv. Ästhetische Qualitäten existieren zwar nicht freischwebend, sondern bedürfen einer physischen Grundlage, sind von dieser aber immer auch *abgehoben*. Die ästhetischen Qualitäten gehören sozusagen nicht zur Physik, sondern zur Aura des Gegenstandes. Ästhetik ist ein Verfahren der Levitation.

Der physisch-ästhetische Doppelcharakter des Wahrnehmens ist in der menschlichen Geschichte sehr ausgeprägt. Er ist schon bei frühen Zeugnissen menschlicher Kultur offenkundig. Es kam unseren Vorfahren nicht bloß auf einen funktionalen, sondern zugleich auf einen ästhetischen Wert der von ihnen gestalteten Gegenstände an. Dieser Doppelcharakter ist ein Leitfaktor in der gesamten Kulturgeschichte der Menschheit. Die menschliche Produktion folgt zugleich funktionalen wie ästhetischen Gesichtspunkten. Sie arbeitet immer auch an einer Bildung und Kultivierung der Sinne.

Wie weit diese Kultivierung geht, lässt sich am Abstand der Humanästhetik von der Tierästhetik ermessen. Darwin hatte diesen Unterschied zwar für gering gehalten. Er meinte, dass die Humanästhetik viele Gemeinsamkeiten mit der Tierästhetik aufweise und als deren Fortsetzung zu verstehen sei: »Zuverlässig werden dieselben Farben und dieselben Töne von uns und von vielen niederen Tieren bewundert«;[69] die Vögel »scheinen nahezu denselben Geschmack für das Schöne wie wir zu haben«;[70] »der Geschmack für das Schöne ist beim menschlichen Geist nicht von besonderer Natur«.[71] In dieser Allgemeinheit trifft das jedoch nicht zu. Gewiss erscheinen etliche Vogelgesänge auch uns als schön, aber doch nicht alle; oder die Laute der Zikaden können, zumal wenn sie massenweise auftreten, von uns geradezu als Terror empfunden werden; und für eine Übereinstimmung des Geschmacks zwischen Reptilien und Fischen einerseits und den Menschen andererseits gibt es keine Belege.[72]

Ferner ist die Humanästhetik ungleich weiter gespannt als die Tierästhetik.[73] Die Letztere unterliegt einer sexuellen Engführung: Die Freude am Schönen tritt ausschließlich im Kontext sexueller Begierde auf und beschränkt sich auf Merkmale von Sexualpartnern. Insofern reicht die Tierästhetik nicht über die Artschranke hinaus. Sie ist eine Sexual- und Speziesästhetik – also im Grunde eine Schmalspurästhetik.[74] Bei der Humanästhetik ist hingegen erstens der *Ge-*

genstandsbereich praktisch unbeschränkt: *Alles* kann Objekt ästhetischer Darstellung und ästhetischen Wohlgefallens werden – nicht nur, wie im Tierreich, attraktive Sexualpartner, sondern auch Sonnenuntergänge, Heuschober und sogar ausgesprochen Hässliches; und nicht nur regelmäßige Formen werden geschätzt, sondern auch höchst unregelmäßige. Zweitens überschreitet die Humanästhetik die *Sexualitätsschranke*. Es mag zwar sein, dass ein sexuelles Unterfutter auch in der Humanästhetik fortbesteht (und vielleicht nicht nur in dieser, sondern, wie Freud mutmaßte, in allem kulturellen Verhalten). Aber diese libidinöse Unterströmung ist bei Weitem zu allgemein und zu blass, um die Spezifika zu erklären, die für die Humanästhetik entscheidend sind. Man wird die Unterschiede zwischen Mozarts und Beethovens Kompositionen oder zwischen Newmans und Pollocks Bildern oder zwischen den Choreografien von Pina Bausch und Sasha Waltz nicht einfach aus sexuellen Wurzeln erklären können. Drittens ist die Humanästhetik durch zunehmende *Reflexivität* gekennzeichnet: Das ästhetische Interesse kann sich vom Gegenstand auf die Darstellung verschieben; oder sich auf Eigentümlichkeiten des Wahrnehmens verlagern; oder sich dem Kunstbegriff oder den institutionellen Bedingungen von Kunst zuwenden. Derlei Reflexivwerden ist für die Kunstentwicklung bei uns Menschen besonders typisch.

Die Tierästhetik hat also zwar den Anfang gemacht, und die Humanästhetik ist auf dieser Grundlage erwachsen. Aber sie hat dann eine eigene Dynamik entwickelt, die es unmöglich macht, all ihre Züge – und gerade die wichtigen – auf die Tierästhetik zurückzuführen. Dass wir überhaupt ästhetische Freude kennen, das ist durch unsere animalische Vorgeschichte angeschoben. Aber warum das eine Werk einer Künstlerin faszinierender ist als ein anderes, das ist mit den Mitteln der Tierästhetik nicht zu erklären. Von Darwin ist für die Humanästhetik *im Allgemeinen* Einiges zu lernen, für ihre *spezifischen* Fragen aber nur sehr wenig abzuleiten. Das liegt eben daran, dass die menschlichen Sinne sich im Verlauf der Kultur sehr weit entwickelt, dass sie eine Vielzahl von Verfeinerungen erfahren und ungeahnte Eroberungen gemacht haben.

Generell nehmen im ästhetischen Verhalten die Freiheitsgrade zu. Das Ästhetische emanzipiert sich sukzessive von seinen anfänglichen Vorgaben, von der Bindung an Sexualität und Körper und bald auch von gesellschaftlichen Auflagen und Ansprüchen. Mit der Erfindung des

Ästhetischen sind immer mehr Freiheitsgrade in die Welt gekommen. Nicht von ungefähr hat Schiller das Ästhetische als Form der Freiheit – als schon in der Natur vorliegende »Freiheit in der Erscheinung« – bestimmt.[75] Die Welt ist, seit es das Ästhetische gibt, nicht mehr nur deterministisch, sondern auch freiheitlich. Oder vielleicht sollte man besser sagen: Sie ist seitdem *offenkundig* freiheitlich und nicht mehr nur, wie zuvor, verborgen freiheitlich und vermeintlich deterministisch.

Auf seinen niedrigen Niveaus bleibt das ästhetische Verhalten gewiss vernutzend. Eine Verfeinerung des Geschmacks führt allenfalls dazu, dass nicht mehr das Übliche, sondern Delikateres verspeist wird – aber eben noch immer verspeist wird. Und auch die höheren Niveaus sind vor der Koppelung mit Nutzensaspekten nicht gefeit – man denke nur an den Kunstmarkt. Aber es gibt auch anderes: Die französischen Parks und die englischen Gärten enthalten keine Nutzpflanzen und dienen ausschließlich dem guten Leben, nicht dem Überleben oder einer kalkulatorischen Ökonomie. Und entwickelte Ästhetik kann geradezu zu ethischen Maximen der Schonung und des Respekts führen – gegenüber der Natur wie gegenüber den Mitmenschen. In solchen Fällen nimmt sich die ästhetische

Einstellung, von der Welt aus gesehen, wie ein Segen aus, der Natur wie Kultur verfeinert – und nicht, wie in der technologischen Einstellung, nur vernutzt. Die Ästhetik eröffnet nicht nur Freiheitsfelder für uns Menschen, sondern auch Freiheitsschneisen in der Welt.

1.2.4. Die Rolle der Kunst

Kommen wir schließlich eigens zur Rolle der bildenden Kunst für die kulturelle Entwicklung der menschlichen Wahrnehmung. Die Kunst hat unsere Wahrnehmung vielfach geprägt. Es ist ein bekanntes Phänomen, dass man, die Ausstellung eines Künstlers verlassend, die Welt plötzlich mit den Augen des Künstlers, durch die Brille seiner Werke sehen kann. Schon Goethe hat dies in *Dichtung und Wahrheit* beschrieben. Nachdem er in Dresden die Gemäldegalerie besucht und dort Bilder von Adriaen van Ostade gesehen hatte, ging er zurück zu dem Schuster, bei dem er Logis genommen hatte. Als er in das Haus eintrat, glaubte er plötzlich ein Bild von Ostade vor sich zu sehen, »so vollkommen, dass man es nur auf die Galerie hätte hängen dürfen. […] Es war das erste Mal, dass ich auf einen so hohen Grad die Gabe gewahr wurde, die ich nachher mit mehrerem Bewusstsein übte, die Natur nämlich mit den Augen dieses oder jenes Künstlers zu sehen, dessen Werken ich soeben eine besondere Aufmerksamkeit gewidmet hatte«.[76]

Im großen Stil haben epochale Paradigmenwechsel der künstlerischen Darstellung neue Formen des Sehens aufgetan und veränderte Sehgewohnheiten begründet. Man denke etwa an den Übergang vom ikonischen Bild zur zentralperspektivischen Darstellungsweise in der Renaissance. Nicht, dass perspektivisches Sehen vorher nicht existiert hätte – man hatte es schon lange zum Zweck der Distanzschätzung verwendet. Aber erst jetzt lernten die Menschen, sich nicht mehr als inferiore Beschauer einer objektiven Ordnung aufzufassen, sondern sich als das jeweilige Zentrum ihrer Sehwelt zu begreifen. Das Sehen wandelte sich vom andächtigen Schauen zum herrschaftlichen Blicken. Oder man denke an den Impressionismus. Er hat uns die Offenheit für die momentanen Erscheinungen beigebracht, und er hat die Farbtöne von ihren gegenstands-indikatorischen Pflichten befreit und sie als solche wahrzunehmen und zu würdigen gelehrt. Es war ganz ungewöhnlich, dass Monet dasselbe Motiv (Getreideschober, Kathedrale von Rouen) mehrfach aus dem gleichen Blickwinkel (nur unter wechselnden Lichtverhältnissen) malte, um so nicht die Gegenstandsidentität, sondern die Erscheinungsvarianz vor Augen zu bringen. Da gingen uns die Augen erst recht auf. Wir konnten bemerken, dass wir die Farben bislang überwiegend als Gegenstandsindikatoren benutzt hatten. Jetzt hingegen wurden die Farbtöne und Farbnuancen von dieser Last befreit und zum autonomen Fokus der Seherfahrung. Üblicherweise praktizieren wir wohl noch heute nicht ein genuin sinnliches (sekundärsinnliches), sondern ein gegenstandsidentifizierendes (primärsinnliches) Sehen. Eine Farbe wird nicht als solche gewürdigt, sondern als Farbe eines *Gegenstandes* aufgefasst; die momentanen Farbnuancen werden gleichsam übersprungen bzw. auf eine konstante Gegenstandsfarbe hin korrigiert. Der Impressionismus aber hat uns zur Wahrnehmung der sinnlichen Qualitäten *als solcher* befreit. Oder Kubismus und Konstruktivismus haben uns zu neuen Formen der Raumerfahrung geführt. Der Kubismus brachte uns die Simultaneität verschiedener Perspektiven nahe – und manche von uns vermögen inzwischen (nicht nur unter Drogeneinfluss) im Alltag die Dinge so zu sehen, wie die kubistischen Gemälde es uns vorgemacht haben. Oder der Konstruktivismus ließ uns ahnen, wie eine Einstein'sche Relativitätswelt jenseits der Gravitation verfasst sein könnte. Beispielsweise hat El Lissitzky bei seinem Prounenraum von 1923 die klassische Orientierung an der Schwerkraft zugunsten einer dynamisierten Wahrnehmung und neuartiger räumlicher Beziehungen aufgebrochen[77] – und mancher Zeitgenosse vermag dies heute sogar im Alltag zu praktizieren.[78]

Und nicht nur die großen Paradigmenwechsel, sondern auch viele einzelne Werke und Bilderfindungen haben unser Sehen beeinflusst. Man denke etwa an die zahllosen Darstellungen des Leidens Christi am Kreuz: Haben sie nicht unsere Wahrnehmung von Leiden geprägt und (ob zum Guten oder weniger Guten, sei dahingestellt) unser Seelenleben beeinflusst? Oder man nehme die Darstellungen der Gebirgswelt. Früher als schrecklich aufgefasst, wurden die Gebirge im späten 18. Jahrhundert von der Ästhetik (Kant) und kurz darauf von der Kunst (C. D. Friedrich) nobilitiert.[79] Berge wurden zu paradigmatischen Gegenständen des Erhabenen. Das hat uns die Gebirgswelt näher gebracht, sodass sie schon bald (im 19. Jahrhundert) nicht mehr als erhaben, sondern als schön und wohlgefällig dargestellt und angesehen wurde. Im 20. Jahrhundert folgte darauf ein breiter Bergtourismus und heute wird die einst so hehre und erhabene Gebirgswelt vollends massentouristisch zertrampelt. Die künstlerische Propagierung der Bergwelt ist daran nicht ganz schuldlos.

Oder ein letztes Beispiel: Manche Fotografien (Vietnamkrieg) und Filme (etwa die Eingangssequenz von Kubricks *2001: A Space Odyssey*) haben geradezu ikonischen Status erlangt und unsere Wahrnehmung und das kollektive Gedächtnis von Generationen beeinflusst. – Vielleicht kann man generell sagen, dass künstlerische Darstellungsformen neuartige, spezifisch kulturelle Sinnesorgane schaffen. Die Kunst mit ihrer sukzessiven Entwicklung neuer Darstellungsformen stellt insofern eine Fortsetzung der natürlichen Evolution mit ihrer Hervorbringung neuer Wahrnehmungsorgane dar. Die natürliche Aisthetik findet in der kulturellen Ästhetik ihre Fortsetzung.

An den vorigen Beispielen dürfte auch erkennbar geworden sein, dass zu unserem Sehen mehr gehört, als nur die Physiologie unserer Augen. Imagination und Phantasie, zivilisatorische Erfahrungen und Techniken, Reflexion und Kultivierung spielen ebenso eine Rolle. Unsere Sinne sind nicht einfach physiologische Fakten, sondern lebendige Organe, also Momente unserer Gesamtorganisation.[80] In ihnen kommt vieles zum Tragen. Jeder von ihnen ist mit den anderen Sinnen verbunden und ebenso mit Wünschen und Erwartungen oder mit emotionalen wie geistigen Erfahrungen. All das kann bei einer einzelnen Sinneserfahrung mitspielen. Wir Menschen sind eben nicht nur Natur-, sondern auch Kulturwesen, und so sind unsere Sinne stark durch kulturelle Erfahrungen geprägt. Man kann von unseren Wahrnehmungen gar nicht handeln, ohne mehr als nur Wahrnehmungen ins Kalkül zu ziehen.

2. Die Wahrnehmung von der Welt aus gesehen. Inwiefern hat die Wahrnehmung Bedeutung für die Welt?

Im Folgenden sei die Blickrichtung verändert, sie sei geradezu umgekehrt. Bislang wurde thematisiert, wie unsere Wahrnehmung Weltbestände erfasst oder wie sie sich historisch-kulturell verändert und dadurch ihre Möglichkeiten erweitert hat. Nunmehr soll es – im Unterschied zu dieser Frage, wie die Welt in der Wahrnehmung erscheint – um die gegenläufige Frage gehen, wie sich die Wahrnehmung von der Welt her ausnimmt. Welche Bedeutung hat das Wahrnehmen für die Welt? Inwiefern ist die Wahrnehmung ein Wirkfaktor in der Entwicklung der Welt? Warum hat sie nicht nur kognitive, sondern auch ontologische Bedeutung?[81]

2.1. *Schon die elementare Wahrnehmung hat wirklichkeitsverändernde Folgen*

Schon elementare aisthetische Vollzüge registrieren Weltbestände nicht nur, sondern wirken auf sie auch ein. Das ist bereits bei einfachsten Organismen erkennbar. Für sie ist Sensibilität wichtig – überlebenswichtig. Ich habe zuvor auf das Beispiel des Kolibakteriums hingewiesen. Es verfügt (wenngleich nicht etwa auf mentale, sondern auf rein biochemische Weise) über Selbstempfindung (es bemerkt z. B. seine Unterzuckerung) und Fremdempfindung (es vermag die Zuckerkonzentration in seiner Umgebung festzustellen). Beides ist für das Überleben dieses Bakteriums essenziell. Ohne das Erstere würde es verhungern, ohne es zu bemerken; ohne das Letztere vermöchte es sich nicht die erforderliche Nahrung zu besorgen. Die aisthetischen Vollzüge dienen auf dieser elementaren Ebene ganz und gar dem Überleben, sind gänzlich pragmatisch und interessegeleitet – und noch bei weitem nicht neutral oder interesselos.

Inwiefern haben schon diese einfachsten aisthetischen Vollzüge Auswirkungen auf die Umwelt? Einerseits, sofern sie Umweltbestände verbrauchen (im Fall des Kolibakteriums den Zuckergehalt in seiner Umwelt), andererseits, indem sie die Erhaltung dieses Lebewesens bzw. seiner Art sicherstellen. Im ersteren Aspekt verändern diese Vollzüge die Umwelt (der konsumierte Zucker steht für andere Lebewesen nicht mehr zur Verfügung); im zweiten Aspekt stabilisieren sie die Umwelt, denn die betreffenden Lebewesen gehören dieser ja zu, ohne sie wäre diese Umwelt eine andere. Insofern sorgen diese Vollzüge dafür, dass die Umwelt so bleibt, wie sie ist, dass derartige Lebewesen also weiterhin in ihr vorkommen. Empfindung und Wahrnehmung sind insofern Stabilisatoren einer Organisches einschließenden Welt.

Sie haben aber nicht nur Überlebensbedeutung für ihre Akteure, sondern auch Konsequenzen für die *Gegenstände* des Empfindens und Wahrnehmens. Das kann andere Tiere betreffen (ein Wolf erspäht ein Schaf, was für dieses wenig erfreuliche Folgen hat), oder es gilt für Pflanzen, die als Nahrung perzipiert und entsprechend vertilgt werden, oder es kann anorganische Bestände betreffen: Vieh erhöht den CO_2-Anteil der Luft, Biber verbauen Gewässer, usw.

Empfindung und Wahrnehmung bewirken also Veränderungen der Umwelt. Weil sinnesbegabte Lebewesen ihr Leben im Duktus ihrer Wahrnehmungen führen und diesen entsprechend auf ihre Umwelt einwirken, zeitigen diese Wahrnehmungen reale Veränderungen. Diese können von der Destruktion eines Biotops über die Erschließung anderer Lebensräume bis zur Generierung neuer Arten reichen. Die Wahrnehmung ist ein ontologischer Wirkfaktor. Manche Evolutionsschritte wurden erst durch von Lebewesen ausgelöste Veränderungen ermöglicht. Seitdem Aisthetik (Empfindung und Wahrnehmung) in der Welt ist, erschließt sich die Welt nicht nur neu (sofern Teile ihrer nun auch empfunden und wahrgenommen werden, also zusätzlich zu ihrer physischen Existenz eine Existenz im Bewusstsein der Wahrnehmenden erlangen), sondern sie wird real eine andere. Aisthetische Vollzüge prägen die Welt mit. Sie verändern die Hardware der Welt.

2.2. *Generell: Lebendiges verändert seine Umwelt*

Generell gilt, dass Lebewesen ihre Umwelt verändern. Sie sind dieser nicht einfach ausgesetzt und müssen sich mit ihr arrangieren, sondern sie wirken auch aktiv auf ihre Umwelt ein. Pflanzen können den Boden auslaugen oder Tiere ihre Futterweiden so sehr abfressen, dass das ehemalige Wirtsland zur Ödnis wird. Die Umwelteinwirkungen einer Art können die Umwelt drastisch verändern und dies kann wiederum dramatische Rückwirkungen auf die betreffende Art haben. Man muss allenthalben mit rekursiven Effekten rechnen. Diese Umwelteffekte der Lebewesen reichen weit, sie betreffen nicht nur die eigene Art, sondern ebenso andere Arten. Beispielsweise scheiden bei Korallenriffen Tausende von nur einige Millimeter großen Steinkorallen ein Außenskelett aus Kalk ab, wodurch ein imposanter neuer Lebensraum für eine Vielzahl anderer Lebewesen (Algen, Schwämme, Seeigel, Garnelen, Krebse, Fische) entsteht.

Die Umwelteinflüsse von Lebewesen können die Lebensbedingungen auf diesem Planeten sogar sehr generell verändern. Das eindrucksvollste Beispiel dafür ist die Erzeugung des Sauerstoffgehalts der Erdatmosphäre. Wir sind es gewohnt, den Sauerstoffgehalt der Luft – diese elementare Bedingung unseres eigenen Daseins – als selbstverständlich hinzunehmen. Die Erdatmosphäre, meinen wir, enthält eben Sauerstoff. Aber dem war nicht immer so. Anfänglich gab es gar keinen Sauerstoff in der Erdatmosphäre. Atmende Lebewesen hätten damals auf der Erde keinerlei Chance gehabt. Sie hätten sich nicht nur nicht halten, sondern sie hätten gar nicht entstehen können. Dazu bedurfte es vielmehr erst der Erzeugung einer sauerstoffhaltigen Atmosphäre. Und diese kam durch die Aktivität von *Lebewesen* zustande. Der heutige Sauerstoffgehalt der Atmosphäre ist das Werk von Organismen, ist ein biogenes Produkt. Vor ca. 2,5 Milliarden Jahren bildeten sich Prokaryoten, die zur Photosynthese fähig waren – allen voran die Cyanobakterien. Sie waren zur Aufrechterhaltung ihres Stoffwechsels nicht mehr auf die in der »Ursuppe« vorhandenen, mittlerweile aber zunehmend aufgebrauchten Kohlenhydrat-Vorräte angewiesen, sondern vermochten unter Ausnutzung von Sonnenlichtenergie aus Kohlendioxid und Wasser, die reichlich vorhanden waren, eigentätig Kohlenhydrate zu synthetisieren.[82] Bei dieser Synthese wurden nun aber nicht nur Kohlenhydrate erzeugt, sondern als Nebeneffekt wurde auch molekularer Sauerstoff frei. Dadurch kam es zur Aufladung der Atmosphäre mit Sauerstoff. Das war für den weiteren Weg des Lebens von eminenter Bedeutung. Für die meisten der damals auf der Erde lebenden Arten hatte die Veränderung negative Folgen: Sie waren auf die korrosiven Effekte des Sauerstoffs nicht eingestellt und gingen zugrunde. Für diejenigen aber, die in Zukunft den Sauerstoff durch Atmung zu nutzen vermochten, war der neue Sauerstoffgehalt von großem Vorteil, weil der aerobe (sauerstoffnutzende) Stoffwechsel weitaus energieeffizienter ist als der anaerobe. Erst dadurch wurde die Evolution komplexerer Lebensformen (einschließlich des Menschen) möglich. Die biogene Sauerstoff-Aufladung der Atmosphäre schuf gewissermaßen den Äther für alles zukünftige Leben. – Das Beispiel zeigt, wie sehr Lebewesen von ihrer Umwelt nicht nur zehren, sondern diese auch dramatisch verändern können. Es waren Lebewesen, welche die Bedingungen für die Höherentwicklung des Lebens auf dieser Erde geschaffen haben.[83]

2.3. *Wahrnehmungsinduzierte Wirklichkeitsveränderungen*

Wenn Lebewesen generell imstande sind, ihre Umwelt zu verändern, wie steht es dann speziell mit Umweltveränderungen, die durch Wahrnehmungen zustande kommen? Inwiefern kann die Wahrnehmung umweltverändernd oder umweltbildend wirken?

Ein erstes Beispiel bietet die Blütenform mancher Orchideen. Sie hat sich im Gefolge der Wahrnehmungspräferenzen von Bienen- bzw. Fliegenmännchen herausgebildet. Die Blüten von Bienen- und Fliegen-Ragwurz sind dem Hinterleib von Bienen- bzw. Fliegenweibchen so ähnlich, dass die Männchen durch sie angelockt werden.[84] Bei den Begattungsversuchen der Männchen mit diesen floralen Weibchenattrappen bleiben dann Pollenpakete am Körper der Männchen haften, die beim Weiterflug für die Bestäubung anderer Blüten nützlich sind – so profitieren die Orchideen von den Begattungsversuchen der Insektenmännchen. Wie ist diese Blütenform der Orchideen zustande gekommen?

Am Anfang führte eine zufällige Mutation bei irgendeinem Orchideenexemplar zur Hinterleibsähnlichkeit. Das hatte dann verstärkten Zuflug der hinterleibsüchtigen Männchen zur Folge. Daraus resultierte über den Bestäubungsmechanismus eine vermehrte Verbreitung des betreffenden Orchideentyps. Die Exemplare der nächsten Generation profitierten erneut von diesem Vorteil und so wurde das Hinterleibsmerkmal immer weiter selektiert; auf diesem Weg bildete sich eine Orchideenart heraus, die sich nun auf Dauer dieses Vorteils erfreuen konnte. In diesem Prozess hat also die sexuell bestimmte Wahrnehmung der Insektenmännchen eine neue Orchideenart hervorgetrieben. Die Ausbildung der Hinterleibsform mit Signalwirkung für die Insektenmännchen verdankt sich dem Wahrnehmungsmuster dieser Männchen. Man sieht: Die Wahrnehmung kann ganz reale Folgen haben, sie kann objektbildend wirken, kann einen neuen Wirklichkeitsbestand hervortreiben.

Ein weiteres Beispiel, ebenfalls aus dem Bereich der Interaktion von Insekten und Blüten, ist das Folgende: Die Farbenpracht der Pflanzenwelt war nicht etwa die Ursache für die Ausbildung des Farbsinnes bei den als Bestäuber fungierenden Insekten, sondern es war umgekehrt: Die Pflanzenwelt hat auf die Farbempfindung der Insekten reagiert. Weil diese Farbsehen ausgebildet hatten, entwickelten sich die hochgesättigten Farben von Blüten, die besonders geeignet waren Insekten anzulocken. Nicht hat sich die Wahrnehmung an die Umwelt, sondern die Umwelt an die Wahrnehmung angepasst. Wahrnehmung kann ein weltbildender Faktor sein.

Ein anderes Beispiel hatten wir zuvor schon kennengelernt: die Entstehung von Schönheitsmerkmalen der männlichen Körper im Verlauf der sexuellen Selektion. Die männliche Schönheitsaufrüstung war eine Folge der weiblichen Schönheitswahrnehmung. Die ganze Skala avancierter Ornamente und Capricen der Männchen verdankt sich dem weiblichen Interesse an solchen Herrlichkeiten oder auch Outriertheiten.

Hier hat spezifisch der ästhetische Sinn objektbildend gewirkt.[85]

Die Wahrnehmung – das zeigen diese Beispiele – kann ontologische Bedeutung haben. Sie dient nicht nur der Erfassung von Wirklichkeit, sondern vermag auch Veränderungen der Wirklichkeit hervorzurufen.[86] Die Wahrnehmung ist ein Aktivfaktor im ontologischen Gefüge.

Das gilt dann besonders im menschlichen Bereich. Die Kultivierung unserer Sinne und die Entwicklung neuer Wahrnehmungstechniken, von denen zuvor die Rede war, sind zugleich mit Umgestaltungen der Wirklichkeit verbunden – von der Nutzung des Bodens und der Kultivierung der Landschaft über die Erzeugung von Artefakten bis hin zur technischen Formung unserer Umwelt. Überall sind ästhetische Präferenzen und Entscheidungen im Spiel – von der Wahl von Siedlungsorten über Ernährungsgewohnheiten bis hin zu Partnerwahlen. Ästhetik ist ein tiefsitzendes Ingredienz unserer Lebenswelt. Sie ist in den menschlichen Sozialformen, in unseren Produkten und in unserem Umweltumgang enthalten – so oder so. Ästhetik zählt zu den Konstituenzien der Wirklichkeit.

2.4. *Die Wirklichkeit ist längst wahrnehmungsgeprägt*

Das alles bedeutet: Die Wirklichkeit, die wir wahrnehmen, enthält schon unendlich viel Wahrnehmung. In der Natur steckt, bereits vor aller menschlichen Wahrnehmung, eine schier endlose Reihe tierischer Wahrnehmungen; und in den kulturellen Gebilden steckt eine lange Sequenz menschlicher Wahrnehmungen.

Korallen habe die Gebirgswelt (Dolomiten), Saurier haben die Pflanzenwelt und Vögel haben die terrestrische Kriech-, Fleuch- und Fischwelt mitbestimmt. Und allgemein: Vegetarier haben die uns bekannte Vegetation sowie Karnivoren die uns vertraute Fauna verändert. In allem, was wir vor uns sehen (oder hören, riechen, schmecken und fühlen), sind schon zahllose Wahrnehmungsleistungen enthalten, welche die Gegenstände zu dem gemacht haben, was sie heute sind. Wahrnehmungsakte und ihre Konsequenzen sind den Dingen, die wir kennen, eingeschrieben. Wenn wir uns auf die Natur beziehen, beziehen wir uns auf eine längst durch Wahrnehmungsleistungen geprägte Natur. Die Wahrnehmung kommt nicht erst nach der Natur, sondern steckt schon in ihr. Und die menschliche Wahrnehmung hat nicht nur die uns geläufige Natur, sondern darüber hinaus den gesamten Bereich der Kultur mitgeprägt.

Bei alledem sind rekursive Effekte zu beachten. Wenn einerseits Wahrnehmungen Wirklichkeitsbestände prägen, so haben diese andererseits auch Rückwirkungen auf die Wahrnehmung. Denn diese wird, indem sie sich auf ihre Produkte richtet, ihrerseits bestätigt, geschärft und verfeinert. Wahrnehmung und Wahrgenommenes schaukeln sich gegenseitig hoch. So wie wir zuvor sahen, dass die Lebewesen generell auf eine durch sie schon beeinflusste Umwelt reagieren und sich dadurch verändern, so nutzt auch die Wahrnehmung Chancen der Weiterentwicklung angesichts ihrer Produkte. Das ist schon im tierischen Bereich, bei der Verfeinerung des ästhetischen Sinns der Weibchen im Angesicht der durch diesen Sinn provozierten Fortentwicklung der männlichen Capricen, festzustellen, und es ist dann in der menschlichen Wahrnehmungspraxis besonders offensichtlich. Die Geschichte der Genussmittel ist ein eklatanter Beleg dafür. Die Kultivierung der Gegenstände der Lüste bewirkte zugleich eine Verfeinerung oder auch zunehmende Spezialisierung und Individualisierung der Lüste selbst. Davon wissen die Weinliebhaber ein fröhliches

Trinklied und die erotischen Menschen andere Freudengesänge zu singen.

2.5. Wahrnehmung als Treiber der Evolution

Zusammengefasst: Wahrnehmungsleistungen sind für die Lebewesen essenziell. Kein Lebewesen kommt ohne Empfindung (Selbst- und Fremdempfindung) aus. Von dieser Grundform der Sensibilität aus wurde evolutionär schon bald der Schritt zur Wahrnehmung getan, die sozusagen eine Sensibilität auf Distanz, nicht mehr nur in unmittelbarer Berührung, darstellt. Als die Evolution Organismen kreierte, brachte sie zugleich Empfindung hervor. Diese ist nicht einfach eine Eigenschaft, die sich an Lebewesen findet, sondern sie ist ein zentrales Mittel ihrer Lebensführung. Die Empfindung hält das Leben in Gang, macht es als dynamischen Prozess (und nicht bloß als starres Sein) möglich. Das Gleiche gilt dann von der Wahrnehmung. Sie ist nicht irgendeine Fähigkeit der Lebewesen, sondern ein wesentliches Lebens-Mittel derselben. Wahrnehmung ist für den Vollzug tierischen Lebens unverzichtbar. Ohne Wahrnehmung würde dieses sofort zusammenbrechen. Mittels Wahrnehmung hält das Leben der Tiere sich aufrecht.

Dies bedeutet, dass die Evolution mit der Erfindung von Lebewesen und damit von Sensibilität und Wahrnehmung einen neuen Progressmodus hervorgebracht hat. Anorganisches hält sich durch Beharren im Sein, Lebendiges hingegen hält sich durch Weitergang am Leben. Und für diesen Weitergang sind Sensibilität und Wahrnehmung essenziell. Anders gesagt: Seitdem die Evolution die neue Seinsdimension des Organischen hervorgebracht hat, stellen aisthetische Vollzüge Mittel der Fortentwicklung dar. Sensibilität und Wahrnehmung sind Treiber der Evolution. Sie führen zu neuen Arten und zu veränderten Umwelten. Aisthetik ist, sobald die Dimension des Lebens erst einmal eröffnet ist, der neue Motor der Evolution. Darin liegt, von der Welt aus gesehen, die Bedeutung der Wahrnehmung. Sie ist ein Mittel, durch welches die Welt sich vorantreibt.

Anmerkungen

1 René Descartes, *Dioptrik* [1637], übers. v. Gertrud Leisegang, Meisenheim am Glan 1954, S. 71. Wir nehmen »am Äußerlichen nichts wahr als Licht, Wärme, Geruch, Geschmack, Ton und die fühlbaren Eigenschaften. Dies alles ist in den Gegenständen selbst nur ein verschiedener Zustand in ihrer Größe, Gestalt und Bewegung« (René Descartes, *Die Prinzipien der Philosophie* [1644], Hamburg 1955, S. 242 [IV 199]).

2 Friedrich Nietzsche, »Ueber Wahrheit und Lüge im aussermoralischen Sinne« [entst. 1873, publ. 1896], in: ders., *Sämtliche Werke. Kritische Studienausgabe in 15 Bänden*, hrsg. von Giorgio Colli und Mazzino Montinari, München 1980, Bd. 1, S. 873–890, hier S. 883.

3 Wolf Singer, *Ein neues Menschenbild? Gespräche über Hirnforschung*, Frankfurt/Main 2003, S. 43.

4 »In dieser Urschicht des Empfindens, in die man zurückfindet, wenn man wahrhaft mit dem Akt der Wahrnehmung koinzidiert und von jeder kritischen Einstellung sich löst, gehe ich in der Einheit des Subjekts und der intersensorischen Einheit des Dinges erlebend auf« (Maurice Merleau-Ponty, *Phänomenologie der Wahrnehmung* [1945], Berlin 1966, S. 279 [Zweiter Teil, § 11]).

5 »The natural realist [...] holds that successful perception is just a seeing, or hearing, or feeling,

etc., of things ›out there,‹ and not a mere affection of a person's subjectivity by those things« (Hilary Putnam, »Sense, Nonsense, and the Senses: An Inquiry into the Powers of the Human Mind«, in *The Journal of Philosophy* XCI/9, 1994, S. 445–517, hier S. 453 f.).

6 Vgl. John R. Searle, *Seeing things as they are: a theory of perception*, Oxford 2014.

7 Vgl. Verf., *Aisthesis. Grundzüge und Perspektiven der aristotelischen Sinneslehre*, Stuttgart 1987.

8 Vgl. Verf., *Mensch und Welt – Philosophie in evolutionärer Perspektive*, München 2012, sowie *Homo mundanus. Jenseits der anthropischen Denkform der Moderne*, 2. Auflage, Weilerswist 2016.

9 Vgl. zum folgenden: Verf., *Aisthesis*, a.a.O., sowie ders., *Der Philosoph: Die Gedankenwelt des Aristoteles*, München 2012, S. 191–205.

10 Platon, *Theätet* [entst. um 369 v.Chr.], 151 e 2 f.

11 Ebd., 151 e 5 f.

12 Ebd., 161 a 1.

13 »Die Wahrnehmung der eigentümlichen Sinnesqualitäten (*ídia aisthētá*) ist immer wahr« (Aristoteles, *De anima* III 3, 427 b 11 f.

14 Ebd. III 2, 425 b 26 f., 426 a 15 f. Vgl. auch ders., *De sensu* 3, 439 a 13–16.

15 Schon in Platons *Theätet* fand sich ein Hinweis auf diesen Doppelcharakter der Wahrnehmung: Wahrnehmung und Wahrnehmbares treten wie Zwillinge stets zugleich auf bzw. werden zugleich erzeugt (156 b 1 f.). Aber der Sinn dieser Aussage ist bei Platon (in dessen Charakterisierung der vermeintlichen protagoräischen Posi-

tion) ein ganz anderer als bei Aristoteles. Platon will sagen, dass in der Wahrnehmung das jeweilige Sinnesprädikat dem Gegenstand, der als solcher nichts dergleichen an sich hat, angetan bzw. auf ihn projiziert wird (156 d 3–7), wohingegen laut Aristoteles im Wahrnehmen eine tatsächliche Eigenheit des Gegenstandes erfasst wird.

16 Aristoteles, *De anima* III 2, 425 b 26–28.

17 Ebd. III 3, 427 b 11 f. Weitere Stellen: Ebd. II 6, 418 a 11 f., III 3, 428 a 11, b 18 f., b 27 f. III 6, 430 b 29, *De sensu* 4, 442 b 8 f., *Metaphysica* IV 5, 1010 b 2 f., 24 f.

18 Aristoteles, *De insomniis* 2, 460 b 20 f. und *Metaphysica* IV 6, 1011 a 33 f.

19 Man kann dies übrigens als Test verwenden, um herauszufinden, ob jemand wirklich der Konzentration auf seine Sinneseindrücke fähig ist – ob er ein sensibler Mensch ist. Verspürt er ganz deutlich eine Doppelempfindung, so ist er einer.

20 Das Phänomen hat historisch immer wieder Interesse gefunden. Beispielsweise wird es von Montaigne (*Essais* [1572–1594], Frankfurt/Main 1998, S. 295 [II 12]), von Descartes (Traité de l'homme [entst. 1632], in: ders., Œuvres, Paris 1964–67, Bd. XI, S. 119–215, hier S. 161) und von Diderot (»D'Alemberts Traum« [entst. 1769], in: ders., *Erzählungen und Gespräche*, Leipzig 1953, S. 436–501, hier S. 470) erwähnt. Zusätzlich sei eine kunsthistorische Anmerkung gestattet. Was zeigt das Bild *Au premier mot limpide (Beim ersten klaren Wort)* von Max Ernst (1923)? Wir sehen zwei gekreuzte Finger, die eine rote Kugel umschließen. Der ehemalige Philosophie-

Student hat offenbar die aristotelische Täuschung dargestellt. Freilich: Wer wirklich sensibel ist, entdeckt in dem Bild noch anderes und mehr. Etwas an den Fingern ist merkwürdig. Sind es wirklich Finger? Von links führt ein Faden auf sie zu, der so angeordnet ist, dass sich der Buchstabe ›M‹ ergibt. Wenn wir die Buchstabenlektüre fortsetzen, dann stellt die rote Kugel offenbar ein ›a‹ dar, und die gekreuzten Finger, welche die Kugel halten, bilden ein ›x‹. Zusammengenommen ergibt sich also ›Max‹ – der Vorname des Künstlers. Die Buchstabenform der Finger ist aber nicht das einzig Auffällige. Bei näherer Betrachtung bemerkt man, dass diese ›Finger‹ zugleich gekreuzte Frauenbeine darstellen könnten. Man erkennt die Scham zwischen ihnen. Damit ist – sofern nicht einfach Finger, sondern Frauenbeine die rote Kugel bzw. Frucht so umschließen, dass sich ›Max‹ ergibt – der vorige Befund wohl anders zu lesen: Diese Beine sind empfindungsvoll mit Max befasst. Was aber könnte (da ja das Musterbild einer Doppelempfindung dargestellt ist) der andere Gegenstand sein, den diese Beine fühlen? Max Ernst lebte, als er dieses Bild malte (übrigens nicht als Tafelbild, sondern als Teil eines Zyklus von Wanddekorationen; man hat es erst später auf eine Leinwand übertragen) im Hause von Paul Éluard, der mit einer berühmten Frau verheiratet war: mit Gala, der späteren Gattin von Salvador Dalí. Damals fand Gala an beiden Hausgenossen, am Ehemann Paul und am Freund Max Gefallen – man lebte in einer heiteren Ménage-à-trois. Dies ist hier Bild geworden: die Doppelempfindung der Frau, ihre geschlechtliche Doppelfreude an Paul und Max. Man begreift: Max Ernst hat nicht einfach eine Illustration der »aristotelischen Täuschung« geliefert. Zu erkennen, dass diese hier dargestellt ist, setzt zwar schon allerhand voraus (und daher haben sich die bisherigen Interpretationen des Bildes über diese Entdeckung gefreut und sind bei ihr stehen geblieben). Als Künstler aber hat Max Ernst noch mehr getan. Er hat seine Darstellung der aristotelischen Täuschung zugleich als Mittel verwendet, um etwas ganz anderes – etwas höchst Privates, Sensibles und Sinnliches – ins Bild zu setzen. Er hat die aristotelische Vorgabe, im Bereich des Ästhetischen bleibend, ins Erotische hinübergespielt und für ein ebenso malerisch exquisites wie semantisch dichtes Bild seiner eigenen Existenz genützt. Das Bild verlangt (ebenso wie sein Motiv, die aristotelische Täuschung) eine doppelte Wahrnehmung.

21 Auch dieses Beispiel findet sich schon in Platons *Theätet* (159 c 11 ff.).

22 Es ist also im Gefolge von Anomalien, dass der Übergang vom primären, grundsätzlich veritativen Status des Wahrnehmens zu einem defizitären Status erfolgt, der dann der bloß noch subjektiven Position entspricht, wie Platon sie im *Theätet* anhand von Protagoras konstruiert. Der Regelfall aber ist anders. Die subjektivistische Position scheint ganz einfach pathologisch zu sein.

23 Giovanni Pico della Mirandola, *De hominis dignitate* (*Von der Würde des Menschen*) [entst. 1486, Erstdruck 1496].

24 Natürlich blieb unübersehbar, dass wir auch physische Wesen sind, einen Körper haben und insofern der Natur zugehören. Aber dies sollte praktisch bedeutungslos sein. Entscheidend sollte für uns allein die Tatsache sein, dass wir Geistwesen sind.

25 Signifikant dafür ist Kants Behauptung, dass sich nicht etwa unsere Erkenntnis nach den Gegenständen zu richten hat, sondern dass umgekehrt und grundlegend »die Gegenstände« sich »nach unserem Erkenntnis richten« müssen (Immanuel Kant, *Kritik der reinen Vernunft* [1787], B XVI [Vorrede]).

26 In *Mensch und Welt* sowie *Homo mundanus* habe ich dargelegt, wie sich das die Moderne leitende und beherrschende anthropische Prinzip (wonach in allem vom Menschen auszugehen und alles auf den Menschen zurückzuführen ist) über den notwendig konstruktivistischen Charakter von Erkenntnis und Gegenständen aus der Tiefenstruktur der Moderne, nämlich aus der Heterogenität von Mensch und Welt und der entsprechenden Weltfremdheit des Menschen ergibt. Wenn der Mensch ob seiner Geistnatur grundlegend ein Weltfremdling ist, dann kann er gar nicht anders, als in allem nicht von der Welt, sondern von sich selber auszugehen. Dann wird das anthropische Prinzip schlicht unumgänglich.

27 Vgl. René Descartes, *Meditationen über die Grundlagen der Philosophie mit den sämtlichen Einwänden und Erwiderungen* [1641], Hamburg 1972, S. 149–151 [VI,15].

28 »[…] die Sinnesempfindungen sind mir von der

Natur eigentlich nur gegeben, damit sie dem Geiste anzeigen, was für das Ganze, dessen Teil er ist, zuträglich oder unzuträglich ist« (ebd., S. 149 [VI,15]).

29 Vgl. Humberto R. Maturana u. Francisco J. Varela, *Der Baum der Erkenntnis. Die biologischen Wurzeln menschlichen Erkennens*, Bern 1987.

30 Vgl. Rilkes Gedicht »Der Panther« [1903]: »und hinter tausend Stäben keine Welt« (Rainer Maria Rilke, *Sämtliche Werke in 12 Bänden*, Bd. 2, Frankfurt/Main 1976, S. 505.

31 Das ist seit Wolfgang Köhlers berühmten Experimenten auf Teneriffa belegt (1917 unter dem Titel *Intelligenzprüfungen an Anthropoiden* publiziert). Vgl. auch Konrad Lorenz, *Die Rückseite des Spiegels. Versuch einer Naturgeschichte menschlichen Erkennens* [1973], München 1977, S. 165–167.

32 So hat es übrigens schon Aristoteles gesehen: »Auch bei den meisten andern Geschöpfen nämlich finden sich Spuren seelischer Gesinnung, deren Abwandlungen nur beim Menschen deutlicher hervortreten. Denn auch für Zahmheit und Wildheit, Sanftmut und Gefährlichkeit, Tapferkeit und Feigheit, Furchtsamkeit und Frechheit, Entschlossenheit und List, und für Überlegungen der Vernunft gibt es bei vielen von ihnen ein Gegenstück, wie wir es auch für die Körperteile feststellen konnten. Nur im Grade unterscheiden sie sich vom Menschen und der Mensch von den andern Geschöpfen – manches ist beim Menschen, manches bei den Tieren besser entwickelt –, während für anderes wenigstens Entsprechun-

gen vorliegen« (Aristoteles, *Historia animalium*, VIII 1, 588 a 18–29).

33 Vgl. dazu ausführlicher: Verf., *Homo mundanus*, a.a.O., S. 876–886.

34 Vgl. ebd., S. 715–776.

35 Vgl. schon Hegels Bestimmung der Natur als dem Geist nicht entgegengesetzt, sondern als »schlafender Geist« auf dem Weg zu sich (Georg Wilhelm Friedrich Hegel, *Grundlinien der Philosophie des Rechts oder Naturrecht und Staatswissenschaft im Grundrisse* [1821], Werke 7, Frankfurt am Main 1986, S. 403 [§ 258, Zusatz].) »Auch die äußere Natur, wie der Geist, ist [...] eine Darstellung der Idee« (ders., *Enzyklopädie der philosophischen Wissenschaften im Grundrisse* III [1830], Werke 10, S. 18 [§ 318, Zusatz]). Passend dazu Hegels Schilderung des Verhältnisses der Griechen zur Natur: »Der aufgeregte griechische Geist verwundert sich [...] über das *Natürliche* der Natur; er verhält sich nicht stumpf zu ihr als zu einem Gegebenen, sondern als zu einem dem Geiste zunächst Fremden, zu welchem er jedoch die ahnende Zuversicht und den Glauben hat, als trage es etwas in sich, das ihm freundlich sei, zu dem er sich positiv zu verhalten vermöge« (ders., *Vorlesungen über die Philosophie der Geschichte* [1822–31], Werke 12, S. 288).

36 Vgl. hierzu die von Christian Tewes und Klaus Vieweg herausgegebene und mir gewidmete Festschrift *Natur und Geist. Über ihre evolutionäre Verhältnisbestimmung*, Berlin 2011.

37 Seit der Romantik bis hin zu zeitgenössischen Interventionen (John McDowell) hat man ge-

meint, wir bräuchten – nach der neuzeitlich-modernen mechanistischen Degradierung der Natur – eine »Wiederverzauberung der Natur«. Erst dann ließen sich Geist und Natur wieder zusammendenken. Man hat diese Wiederverzauberung von der Religion, der Philosophie, der Literatur, den Mythologien erwartet. Aber sie blieb – wenn man Proklamationen nicht schon für Einlösungen nehmen wollte – aus. Also klagt man noch immer, dass dieses Desiderat unerfüllt sei und wir weiterhin in der jahrhundertealten Misere steckten. Wer so redet, hat freilich die Erkenntnisse der neueren Naturwissenschaft verschlafen. Nur so lässt sich erklären, dass er nicht sieht, dass die »Wiederverzauberung« längst eingetreten ist – nur eben nicht seitens der Instanzen, auf die man gesetzt hatte, sondern just durch jene Instanz, von der man am wenigsten etwas Gutes erwartete und die man deshalb ignorierte: die Naturwissenschaft. Sie hat uns inzwischen sogar ein besseres Äquivalent einer »Wiederverzauberung« beschert, nämlich eine wissenschaftliche Sicht der Natur, die alles bietet, was man sich, um über den alten Mechanismus und Dualismus hinauszudenken und hinauszukommen, nur wünschen kann.

38 Im 20. Jahrhundert war Merleau-Ponty derjenige Philosoph, der dem Mensch-Welt-Dualismus und der daraus resultierenden anthropischen Denkweise am entschiedensten entgegentrat. Von früh an galt seine Aufmerksamkeit den latenten Verbindungen, die lange vor dem bewussten Verhalten bestehen und die mit den gewohnten philosophischen Dichotomien

nicht zu erfassen, sondern nur zu verzeichnen sind. Für Merleau-Pontys Ausnahmestellung ist eine Feststellung bezeichnend, die sein Freund Sartre – seinerseits ein engagierter Vertreter der anthropischen Denkform – in seinem Nachruf niederschrieb: »Es bleibt ein Ärgernis, dass heutzutage ein Mensch schreiben konnte, das Absolute sei nicht der Mensch« (Jean-Paul Sartre, *Freundschaft und Ereignis: Begegnung mit Merleau-Ponty* [1961], Frankfurt/Main 1962, S. 65). Ja, Merleau-Ponty war für die Heerscharen der modernen Homozentriker ein Stachel und Ärgernis.

39 Auch unter dem Druck der Umweltproblematik und durch die ökologische Bewegung sind wir einem Denken näher gekommen, welches uns Menschen im Kontext der Natur sieht und unser Tun im Blick darauf bewertet.

40 Vgl. Joëlle Proust, »Mind, Space and Objectivity in Non-Human Animals«, in *Erkenntnis* 51 (1999), S. 41–58.

41 Bei uns Menschen ist zudem die Wissenschaft ein Prozess, der uns weit über unsere evolutionär schon entwickelten Wahrnehmungs- und Erkenntnismöglichkeiten hinausführt.

42 Vgl. dazu ausführlicher: Verf., *Homo mundanus*, a.a.O., S. 914–916.

43 Johann Wolfgang von Goethe, »Zahme Xenien«, 3. Buch [1824], in: *Goethe Werke – Hamburger Ausgabe*, Bd. 1, München 1974, S. 367.

44 »Das kindliche Verständnis der physischen Welt beruht auf der sicheren Grundlage der Primatenkognition« (Michael Tomasello, *Die kulturelle Entwicklung des menschlichen Denkens. Zur*

Evolution der Kognition [1999], Frankfurt/Main 2002, S. 220). Angeboren muss dieses Wissen sein, weil es sich schon zeigt, bevor überhaupt die Möglichkeit motorischer Erfahrung besteht (vgl. Rainer Mausfeld, »Vom Sinn in den Sinnen – Wie kann ein biologisches System Bedeutung generieren?«, in: *»... sind eben alles Menschen«. Verhalten zwischen Zwang, Freiheit und Verantwortung*, hrsg. v. Norbert Elsner u. Gerd Lüer, Göttingen 2005, S. 47–79, hier S. 58 f.).

45 Es wäre allerdings ein Irrtum zu glauben, dass diese primärsinnliche Wahrnehmung – anders als etwa die Zuckerempfindung des Kolibakteriums – sozusagen desinteressiert sei und aus diesem Grund wahr sein könne. Auch die primärsinnliche Wahrnehmung ist für das Leben und Überleben der Tiere essenziell. Diese sind für ihre Lebensführung auf die Beherrschung der Grundregeln der Objektwelt angewiesen. Insofern hat auch die primärsinnliche Wahrnehmung zuerst einmal vitalen und pragmatischen Sinn.

46 Freilich findet sich eine Diskreditierung der sekundären Qualitäten (und der Sinnesprädikate allgemein) schon vor der Neuzeit, etwa in der Antike (Platon war ein Beispiel dafür). Vgl. dazu Verf., Homo mundanus, a.a.O., 798–800.

47 Rainer Maria Rilke, *Duineser Elegien* [1912–22], in: ders., *Sämtliche Werke in 12 Bänden*, Bd. 2, Frankfurt/Main 1976, S. 683–726, hier: Vierte Elegie [1915], S. 699. – Vgl. zu den Grundzügen einer relationalen Ontologie Verf., *Homo mundanus*, a.a.O., S. 861–870 u. S. 910–916.

48 Rein fiktive Wahrnehmungsweisen hätten sich

evolutionär auch gar nicht bewährt. Die entsprechenden Lebewesen hätten entweder andere Wahrnehmungsmuster entwickeln oder aussterben müssen.

49 Evolutionär gesehen dürfte die Beachtung sekundärer Qualitäten damit begonnen haben, dass sie als Indikatoren von Gegenstandseigenschaften fungierten, die für die jeweiligen Lebewesen besonders relevant waren. So konnte die Farbe einer Frucht deren Reife oder Unreife anzeigen, oder Gerüche konnten die sexuelle Bereitschaft eines potentiellen Partners oder die Unverträglichkeit einer Nahrung anzeigen. In diesen Fällen galt die Aufmerksamkeit natürlich noch nicht den sekundären Qualitäten *als solchen*, sondern den durch sie indizierten Gegenstandseigenschaften.

50 Wir müssen, gerade was unsere grundlegenden kategorialen Schemata angeht, den Physikalismus ablegen. Weit eher ist ein Denken anzuraten, welches das Organische zum Modell nimmt (wie beispielsweise Whitehead es tat). Im zuvor dargestellten alten Dualismus von Geist versus Materie fiel das Organische sozusagen durch beide Raster, da es weder rein geistig noch rein materiell zu fassen ist. Es besitzt eine eigene Seinsweise, die einerseits Geistartiges (beispielsweise Selbstbezüglichkeit) und andererseits Materieartigkeit (körperliche Stofflichkeit) umfasst und verbindet. Aber das Organische tut dies eben auf seine ganz eigene Art. Das Organische ist ein Selbstbetreiber, der mit der Materialität nach den eigenen Bedürfnissen umgeht und zugleich seine Selbstbezüglichkeit permanent mit

den Umweltverhältnissen abstimmt. Wenn alles Seiende sowohl geistige (oder zumindest geist-affine) als auch materielle Komponenten einschließt, dann kann das Organische sehr gut als allgemeines ontologisches Modell dienen.

51 Alle Lebewesen mit Augen haben ein Regulator-Gen gemeinsam, das generell für die Ausbildung von Augen (wie unterschiedlich diese im Einzelnen sein mögen) verantwortlich ist.

52 Aber immerhin vermochten wir, was uns sinnlich verschlossen war, mit anderen Mitteln herauszufinden.

53 Die folgende Darstellung beruht auf meinen ausführlicheren Darlegungen in »Der animalische Ursprung der Ästhetik«, in: Wolfgang Welsch, *Blickwechsel – Neue Wege der Ästhetik*, Stuttgart 2012, S. 211–251.

54 Vgl. Charles Darwin, *Die Abstammung des Menschen und die geschlechtliche Zuchtwahl* [1871], Bd. 2, Stuttgart 1871/1872, S. 204.

55 Ebd., Bd. 1, S. 53 bzw. S. 54.

56 Vgl. ebd., S. 231. – Man kann sich leicht denken, warum Darwins Theorie im viktorianischen England auf starken Widerstand stieß. Die Behauptung, dass die Weibchen über die höchsten intellektuellen Fähigkeiten verfügten und die ursprünglichen Produzenten und Träger des Geschmacks seien sowie, dass sie es seien, die ihre Sexualpartner wählen, musste der vorherrschenden sozialen Ideologie und ihren sexistischen Vorurteilen als Provokation erscheinen (vgl. Geoffrey F. Miller, *The Mating Mind. How Sexual Choice Shaped the Evolution of Human Nature*, New York 2000, S. 51).

57 Darwin, *Die Abstammung des Menschen und die geschlechtliche Zuchtwahl*, a.a.O. Bd. 2, S. 33.

58 Zur notorischen Streitfrage, ob sich die sexuelle Selektion in ihrer hoch entwickelten ästhetischen Form nicht doch noch immer auf die natürliche Selektion zurückführen lasse oder ob sie tatsächlich (wie Darwin glaubte) einen Selektionsmodus sui generis darstellt, sei nur so viel bemerkt: Offenbar decken sich die Bewertungskriterien der beiden Selektionstypen ganz und gar nicht, sie können geradezu gegenläufig sein. Beispielsweise sind die Schwanzfedern des Pfauenmännchens ästhetisch eminent eindrucksvoll und für den Erfolg bei den Weibchen entscheidend, also im Register der sexuellen Selektion eminent positiv bewertet. Aber im Register der natürlichen Selektion steht es genau umgekehrt: Je prachtvoller die Schwanzfedern wurden, umso ausladender und schwerer wurden sie auch, so dass die Pfauenmännchen gar nicht mehr fliegen konnten und so für Fressfeinde zur leichten Beute wurden. Allein schon diese Gegenläufigkeit spricht für einen Unterschied der beiden Selektionstypen und für eine Eigenständigkeit der sexuellen Selektion in ihrer ästhetischen Form.

59 Pulverschnee, Harschschnee, Firnschnee, Sulzschnee, Altschnee.

60 Brent Berlin u. Paul Kay, *Basic Color Terms: Their Universality and Evolution*, Berkeley 1969. Die Autoren fanden zudem heraus, dass die Reihenfolge, in der Farbworte in den verschiedenen Sprachen auftreten, keineswegs beliebig ist. Wenn eine Sprache nur über zwei Farbworte ver-

fügt, sind es immer weiß und schwarz; kommt ein drittes hinzu, ist es stets rot; das vierte ist entweder grün oder gelb; das fünfte dann entsprechend gelb oder grün; darauf folgen blau und braun; und regelmäßig dann erst violett, rosa, orange und grau. Diese Konstitutionssequenz gilt universal.

61 Vgl. Noël Carroll, »Art and Human Nature«, in *The Journal of Aesthetics and Art Criticism*, 62/2 (2004), S. 95–107, hier S. 102–105.

62 Andererseits ist das nicht unmöglich, wie zahlreiche Beispiele von Komponisten belegen: Ravel und amerikanischer Blues, Olivier Messiaen und indische Raga-Rhythmen, Steve Reich und die Trommelmusik Ghanas, Ligeti und die Gesänge der Aka-Pygmäen Zentralafrikas, etc.

63 Karl Marx, »Nationalökonomie und Philosophie« [1844], in: ders., *Die Frühschriften*, hrsg. von Siegfried Landshut, Stuttgart 1964, S. 225–316, hier S. 242.

64 »Der unter dem rohen praktischen Bedürfnis befangene *Sinn* hat auch nur einen *bornierten* Sinn. Für den ausgehungerten Menschen existiert nicht die menschliche Form der Speise, sondern nur ihr abstraktes Dasein als Speise; ebenso gut könnte sie in rohester Form vorliegen, und es ist nicht zu sagen, wodurch sich diese Nahrungstätigkeit von der *tierischen* Nahrungstätigkeit unterscheide« (ebd., S. 242 f.).

65 »Es versteht sich, dass das *menschliche* Auge anders genießt als das rohe, unmenschliche Auge, das menschliche Ohr anders als das rohe Ohr etc« (ebd., S. 241).

66 Dazu schon Frank Kafka: »Das Kino bedeutet,

dem Auge eine Uniform anzulegen« (zit. nach: Paul Virilio, »Das Privileg des Auges«, in: *Bildstörung. Gedanken zu einer Ethik der Wahrnehmung*, hrsg. von Jean-Pierre Dubost, Leipzig 1994, S. 55–71, hier S. 57).

67 Im Fall des Fernsehens ist sowohl die Wahrnehmungsakzeleration als auch die Tatsache bemerkenswert, dass Fernsehkonsum (weil dabei Bild- und Wortverarbeitung gleichermaßen aktiviert werden) zu einer Integralisierung der modernen Gehirne (Verstärkung der Kommunikation zwischen den beiden Hirnhälften) geführt hat.

68 Vgl. Arthur C. Danto, *Die Verklärung des Gewöhnlichen. Eine Philosophie der Kunst* [1981], Frankfurt/Main 1991.

69 Darwin, *Die Abstammung des Menschen und die geschlechtliche Zuchtwahl*, a.a.O., Bd. 1, S. 54.

70 Ebd., S. 33.

71 Ebd., S. 54.

72 Im Übrigen ist Darwins Erklärung der Kontinuität unhaltbar. Darwin meinte, dass alle ästhetischen Empfindungen sowie die damit verbundenen emotionalen und intellektuellen Fähigkeiten auf »der Konstitution des Nervensystems« beruhten (Charles Darwin, *Über die Entstehung der Arten* [1859], Stuttgart: 1884, S. 227). Die Kontinuität zwischen Tier- und Humanästhetik sollte sich aus der Kontinuität der Entwicklung des Nervensystems von den Tieren zum Menschen hin erklären. Diese Erklärung versagt jedoch gerade an der entscheidenden Stelle, bei der angeblichen Kontinuität zwischen dem Geschmack der Vögel (den für Darwin, wie gesagt, »ästhetischsten unter allen

Tieren«) und dem der Menschen. Denn die Gehirne der Vögel sind, wie wir heute wissen, ganz anders aufgebaut als die Gehirne der Säugetiere. Vögel besitzen nicht den in Schichten aufgebauten Neocortex, der bei Säugetieren für Sensorik, Motorik und Intelligenz verantwortlich ist, sondern das (im Übrigen sehr viel kleinere) Gehirn der Vögel operiert durchweg mit Clustern.

73 Auf einen weiteren Unterschied zwischen Tierästhetik und Menschenästhetik hat Christiane Nüsslein-Volhard hingewiesen: Nur der Mensch schmückt sich bewusst, während der Körperschmuck für die Tiere schlicht natürlich ist. »Diese Kultur des Sich-Schmückens, -Schminkens und -Kleidens [...] kommt tatsächlich bei keinem anderen Tier vor, denn andere Tiere sehen sich nicht selbst an; sie schmücken sich nicht mit künstlichen Attributen, sondern ihre Ornamente, Farben und Formen sind Teil ihrer Natur, sie sind angeboren« (Christiane Nüsslein-Volhard, *Schönheit der Tiere – Evolution biologischer Ästhetik*, Berlin 2017, S. 31). Erst beim Menschen rückt das Ästhetische ins explizite Bewusstsein.

74 Freilich: Gegenüber diesem Standardschema finden sich auch im Tierreich schon erste Erweiterungen, etwa bei den Laubenvögeln, wo die Männchen ihre Schönheitsarbeit vom eigenen Körper weg auf kunstvoll gebaute und dekorierte Lauben verlagern, die der Anlockung von Weibchen und der Paarung dienen (die Laubenvögel sind sozusagen die ersten Objektkünstler), was zugleich bedeutet, dass der ästhetische Sinn sich hier generalisiert hat, nicht mehr ein Privileg

der Weibchen ist, sondern zu einer generellen, die Männchen einschließenden Kompetenz der Spezies wurde. Andere Erweiterungen über das Standardschema hinaus liegen dort vor, wo Tiere regelmäßige Formen bevorzugen, und zwar nicht beim Körper des anderen Geschlechts, sondern bei beliebigen Gegenständen in ihrer Umwelt, oder wo sie Kennzeichen eines für ihre Spezies günstigen Habitats schätzen. Damit beginnt bereits im Tierreich (und nicht erst beim Menschen) eine kognitive Erweiterung der zunächst ganz und gar sexuell bestimmt gewesenen Ästhetik.

75 Friedrich Schiller, »Kallias oder Über die Schönheit. Briefe an Gottfried Körner« [1793 entst., 1847 publ.], in: ders., *Sämtliche Werke*, Bd. 5, hrsg. von Gerhard Fricke und Herbert G. Göpfert, München 1980, S. 394–433, hier S. 400 [Brief vom 8. Februar 1793] bzw. S. 411 [Brief vom 23. Februar 1793]. – Vgl. dazu Verf., »›Schönheit ist Freiheit in der Erscheinung‹ – Schillers Ästhetik als Herausforderung der modernen Denkweise«, in: ders., *Ästhetische Welterfahrung – Zeitgenössische Kunst zwischen Natur und Kultur*, München 2016, S. 49–62.

76 Johann Wolfgang von Goethe, *Dichtung und Wahrheit* [1811], I. Teil, 8. Buch, Potsdam o. J., S. 520 f.). In der *Italienischen Reise* sprach Goethe von seiner »alten Gabe, die Welt mit Augen desjenigen Malers zu sehen, dessen Bilder ich mir eben eingedrückt« (*Goethe Werke – Hamburger Ausgabe*, Bd. 11, München 1974, S. 7–349, hier S. 86, zum 8. Oktober 1786).

77 »Wir wollen den Raum als ausgemalten Sarg für

unseren lebenden Körper nicht mehr« (»Prounenraum. Große Berliner Kunstausstellung 1923«, in: *El Lissitzky: Maler, Architekt, Typograf, Fotograf. Erinnerungen, Briefe, Schriften*, übergeben von Sophie Lissitzky-Küppers, Dresden 1967, S. 365). Am Bauhaus entwarf in ähnlichem Geist Moholy-Nagy Räume, die in eine dynamisierte Wahrnehmung von Kraftlinien übergehen.

78 Die Arbeiten von Martin Puryear haben mir oft die Vermutung nahegelegt, dieser Künstler vermöge vierdimensional wahrzunehmen und vorzustellen, nicht bloß dreidimensional wie wir anderen; seine Wahrnehmung scheint Schemata zu folgen, die nicht menschen-normal sind. Vielleicht wäre es eine lohnende Perspektive, manche der Errungenschaften der modernen Kunst als Experimente anzusehen, um zu Wahrnehmungsweisen zu gelangen, die nicht mehr einfach menschlich sind. Wir schätzen Kunst für gewöhnlich als humanen Experimentierraum – vielleicht könnten wir sie, wenn wir sie als transhumanes Laboratorium betrachten würden, noch höher schätzen. Vgl. dazu Verf., »Wie die Kunst über die Enge der menschlichen Welt hinausführt – Auf dem Weg zu einer transhumanen Sichtweise«, in: ders., *Blickwechsel – Neue Wege der Ästhetik*, a.a.O., S. 135–170.

79 Frühe Alpinisten wie Horace-Bénédict de Saussure hatten kurz zuvor den Blick auf die Gebirgswelt freigeräumt.

80 Im Mittelalter sagte man dafür »non sensus sentit, sed homo per sensum«.

81 Eine erste Weltbedeutung der Wahrnehmung

wurde zuvor schon im Blick auf ihre kognitiven Funktionen herausgestellt: Wo Wahrnehmung auftritt, werden weitere Potenzen der Welt realisiert – die Welt kommt voller zur Erscheinung und mehr zu sich.

82 Sie hatten Chlorophyll entwickelt, ein lichtempfindliches Pigment, das Sonnenlicht aus dem energiereichen Blau- sowie Rotanteil absorbiert und damit genügend Energie bereitstellt, um Wasser zu Wasserstoff und Sauerstoff zu spalten.

83 Daran kann man übrigens erkennen, wie ungenügend das evolutionistische Standardtheorem der »Anpassung« ist. Es besagt, dass Lebewesen sich ihrer Umwelt anpassen und es setzt dabei die Umwelt als fixe Größe an. Das ist falsch. Denn tatsächlich verändern die Arten selbst das Biotop, in dem sie leben. Die Umwelt, an welche die Arten sich angeblich anpassen, ist zum Teil ein Effekt der Aktivität der Arten. Die Umwelt erfährt ebenso sehr eine Anpassung an die Arten, wie diese sich an ihre Umwelt anpassen. Das Wirkungsgefüge ist nicht eingleisig, sondern reziprok.

84 Einige Orchideen scheiden zudem Sexuallockstoffe aus, die denen der Insektenweibchen gleichen.

85 Übrigens scheint auch die menschliche Haarlosigkeit (bei beiden Geschlechtern) das Ergebnis einer ästhetischen Selektion zu sein. Gegen die frühere These, wonach die Haarlosigkeit die Folge einer Anpassung an einen Klimawandel sei, spricht allein schon, dass wir in diesem Fall ja als erstes unser Kopfhaar hätten drangeben

müssen, statt es zu verstärken. Haarwuchs-Reduktion war vielmehr ein Mittel, uns von unseren nächsten äffischen Verwandten abzusetzen. Diese Distinktion machte die Haarwuchs-Reduktion attraktiv und so wurden bei der Partnerwahl diejenigen Kandidaten bevorzugt, die der neuen Menschenmode schon einigermaßen entsprachen. Die fortgesetzte Präferenz hat dann dazu geführt, dass die Haarlosigkeit sich im Genom der Art zunehmend ausbreitete. Mithin wurde durch eine ästhetische Inklination ein neues, distinktives Körpermerkmal des Menschen hervorgebracht. Nebenbei bemerkt: Um ein spezifisch ästhetisches Phänomen handelt es sich dabei auch in dem Sinn, dass unsere Haarlosigkeit nur ein *optischer Anschein* ist. De facto weist der menschliche Körper genauso viele oder gar mehr Haare auf als viele Affenarten, nur dass unsere Haare so unscheinbar geworden sind, dass der *optische Schein* der Enthaarung bzw. Nacktheit eingetreten ist (vgl. Winfried Menninghaus, *Das Versprechen der Schönheit*, Frankfurt/Main 2003, S. 88).

86 Man könnte sagen: Die quantenmechanische Verschränkung von Kognition und Wirklichkeit (Abhängigkeit des Wirklichkeitszustandes von kognitiven Akten) gilt auch schon auf der Makroebene der Evolution.

Erste Auflage Berlin 2018

MSB Matthes & Seitz Berlin Verlagsgesellschaft mbH
Göhrener Str. 7 | 10437 Berlin
info@matthes-seitz-berlin.de

Satz: psb, Berlin
Druck und Bindung: Art Druk, Szczecin
Umschlaggestaltung nach einer Idee von Pierre Faucheux
ISBN 978-3-95757-605-7
www.matthes-seitz-berlin.de